不死身の花

夜の街を生き抜いた
元ストリート・チルドレンの私

生島マリカ

鉄人文庫

目次

目次

カバー写真／荒木経惟
モデル／著者

生島マリカ

夜の街を生き抜いた
元ストリート・チルドレンの私

不死身の花

序章

「俺は自分で舟を漕いでここにやって来た」

「ここに置いてあったダイヤがない」

小学一年生になるかならないかのあたしを、母は疑いの色をかけた目で真っ直ぐに見てそう言い、責めた。

当時、あたしたちが住んでいたのは、大阪の街中も街中の千日前付近。天下の台所として知られる黒門市場の近く。地下一階地上三階建てで、三階南側の赤い絨毯にエンジ色のヴェルヴェットのカーテンが印象的な部屋が、両親の寝室だった。その両親の寝室に、自室にいたあたしを呼び出した母は、あたしに向かって一瞬のためらいもなく言った。

「わたしのダイヤを知らないか？　確かにここに置いたのに。おかしい。お前が盗んだのではないのか？　盗んだだろう！」

と、母は詰問してきた。

どうやら昨晩でかけた際につけていたダイヤモンドの指輪が見当たらないらしい。

ここにこうして、人様に読んでいただくために簡素にした文章にするとそうでもないが、実際の言葉とみなぎる気迫は、思想犯に自白を迫る戦前の刑事のごとく厳しいものだった。でもあたしは何も答えられずにいた。当たり前だ。あたしはやってない。

「あたしじゃない。ダイヤなんか盗《と》ってない！」

心の中で小さく反論する。

母は言葉を失って怯えているあたしを見下ろして、なにか一言、二言いうと、後は、

「もういい！　下へ行け。自分の部屋に行け！」

と、悔しそうに、あきらめたような声でそう怒鳴りつけて、あたしから視線を外し、部屋の中に消えた。

ドアをバターンと勢いよく閉めた音に、あたしの胸はどきーんとして、じわっと痛んだがすぐに消えた。

七歳に満たないあたしでさえ、自分と一番血の濃いとされる人間から盗人の疑いをかけられたという事態には尋常ならざるものを感じた。だが、自分のことを哀れむとか、怒るとか、悲しむとかいうものとはまた全く別の新しい感情が生まれた瞬間でもあった。

一般的に、生まれてきたなら誰でも経験するのが家族というものであろうが、普通ならこのような出来事には遭遇しない。誰にも一生芽生えることのない感情なんだろうなと子供ごころにも感じた一件。

その、新しく生まれた感情を具体的に説明するのは難しいが、それはむしろ自分の体や、頭の中に新しい器官として発達した神経のようなもので、この後のあたしの人生においても必要が生じるたびにこの器官が活躍し、働くことになる。つまり、このような家庭に生まれた子供には不可欠な後付けのオプションで、必要に迫られて開発された新機能といっていいだろう。

否定する表現力の欠乏。

それは自分で自分を殺す練習のたまもの。

「個性的」な親を持った子供なら大なり小なり経験することかも知れないが。

同じ家に住みながら、生みの母とはいえ、お母さんと呼ぶには縁の薄かったこの女性の影響の大きさを、後にあたし自身が子を生むと、思い知らされることになる。


あたしの父は大韓民国の慶尚南道の三千浦というところの出身で、父の母方にインドの出身者があるため、見た目がいわゆる韓国人とは異なり、浅黒く彫りが深かった。なかなかの男前で、青年時代に来日した後は、結構なモテぶりだったそうな。セピア色の写真には、そう思えるものがいくつかあった。

父は晩年になって自分の話を、少しずつあたしにしてくれた。

父の生まれは昭和三年となっているが、当時の混乱した東アジアの状況から、出生年に、一、二年のずれがあると父は言っていた。また、韓国では数え年で年齢を計算するそうで、本人も含め本当の歳は誰にもわからない。

だから誕生日もいいかげん。第一、あたしは両親から彼らの誕生についての話題も含め、出生の情報を与えられたことがほとんどないので、戸籍上の記載が絶対の事実ともいいきれないのだ。

「なんていい加減な！」とも感じるが、当時の世情と混乱を推察するとそんな感じだったのだろうし、大変だったんだなとも思う。

戦前・戦中・戦後の時代背景や父の話と、周辺の話と事実とを総合して推察するしかないのだから全く困ったものだが、先に亡くなった母についてはもっと情報が少ないので、それよりは父の方がマシなのだ。

その母が死出の旅路につくまでの経緯と、その後、二十歳を過ぎたあたしが海を越えて母の墓所を探す旅に出た話は最後に綴る。

父はいわゆる強制労働で来日した韓国人ではなく、自分から望んで日本にやって来た韓国人だと話していた。入国の際に正規の手続きをしたのか不明だが、若く、貧しい青年が戦中・戦後の混乱の中に、海を越え、異国の島国まで希望だけを携えてやって来たのだから、法や、秩序まで携えてやって来ていたとは考えづらい。多分それは無かっただろうと思う。

本当か嘘か分からないが、「俺は自分で船を漕いでここにやって来た」と言っていた。大袈裟に話す人ではなかったので、大きな船でどこかの海岸付近まで近づいて、そこから小さな船を漕いだのかもしれない。

とにかく、その当時の人達は大変に無謀で、野心に満ちあふれていて、日本人でも韓国人でも無茶苦茶な人が多かったそうだから、そんな話もアリアリだったのではないかとあたしは推察する。

　それから父がどこであたしの母と出会い、どのような経緯で渡世人から宝石商人になったのか、酒で人生を変えてしまった父の最期と、あたしと父、あたしと母の親子関係などから綴りたいと思う。

第一章

「十三歳。さあ、いまから浮浪児だ」

ちゃあちゃんのこと

当時の地名で大阪市南区高津町《こうづ》。現在の大阪市中央区日本橋《にっぽんばし》の自宅には、あたしが幼稚園のころまで二人の住み込みのお手伝いさんと、運転手さんの部屋もあった。そのうち、いつも和服を着た初老の女性を竹内のおばちゃんと呼び、もう一方をあたしは「ちゃあちゃん」と呼んだが、実際に小学校に上がるまではそのお手伝いさんが母親だと思っていた。

ある夜、真っ暗闇の部屋で、「お兄さんが帰って来た」と叫ぶ声がした。お手伝いさんらは父のことをお兄さんと呼ぶ。何のことやらさっぱり分からず、きょとんとしているあたしの体をちゃあちゃんが起こして女中部屋の冷蔵庫の陰に隠そうとした時、帰宅した父の対応に大人達が慌ただしく出たり入ったりする気配が扉の向こうでした。

ドタン、またひとつガタンと運転手に抱えられて階段をやっとこさ上がってくる、何かに取り憑かれたような黒い塊がチラリと見えた。それがあたしの記憶に残る父の飲酒時の様子だ。

ちゃあちゃんはあたしが七歳までうちに残っていたが、その後お嫁に行ってしまった。

竹内のおばちゃんの薦めたお見合いで、熊本県出身で、大阪府堺市在住の男性と結婚したのだ。

その男性は、堺市の鉄工所に勤めていたと記憶する。

名前は北村さんといい、穏和で、真面目で、根気のある、しかもなかなか男前で、今から考えたらちゃあちゃんにはもったいない人だった。

彼らはあたしが知る限り良子ちゃんという一女をもうけた。

八歳になると、良子ちゃんが生まれるまで堺市のちゃあちゃんと北村さんの新居に南海なんば駅から南海電車を乗り継ぎよく遊びに行った。

都会育ちのあたしには、近所の小さな山や池と、そこに住まう小さな生物や魚などが物珍しくて、新婚のちゃあちゃんが嫁いだ北村さんちを毎週のように訪れた。

土曜日の午後三時には到着して、夕方まで山や池で遊び、アパートの外階段を上がると、ちゃあちゃんが台所で作ってくれているご飯の匂いがして何とも安心した。今でもその時の事を思い出すと、理屈ではなく、子供にはこういうのが必要なんだなと思う。

あたしは広い自分の家より、このうちの子供としてずっと暮らしたかった。

ここには大好きなちゃあちゃんがいて、食事の度にご飯を作ってくれ、よその男の人だけど、一緒にお風呂に入ってくれ、体も洗ってもらえて、おまけにお風呂上がりにはプロレスごっこに付き合ってくれたりもする大人がいて、普通の家庭があるからね。ホントずっといたかった。

あたしは自宅で両親のどちらとも入浴した記憶はない。

ちゃあちゃんがあたしのもとから遠く離れ、あたしの日常は大きく変わった。

それまでうちにいた竹内のおばちゃんはよそへゆき、ちゃあちゃんはお嫁入りし、お酒の飲み過ぎで肝臓を痛めた父は、すぐ完全に断酒しないと三ヶ月で死ぬ、とお医者様から宣告されてからは酒を飲むこともなくなり、運転手さんにも用がなくなった。しばらくの入院を経て、徹底した自宅療養と生活習慣の改善が、生きながらえる為の条件となった。

そして、それからしばらくして父との暮らしが始まった。

ひとつ屋根の下で寝起きしていたのに、父との暮らしが始まった……というのはおかしいかも知れないが、同じ屋根の下にいても、一切かかわり合っていなかったので、あたしにとってはそれが適切な表現なのだ。

その頃、母はというと、いつも外国にいた。ちゃあちゃんがほんとうのお母さんだと信じていた頃は、実母のことを、たまにうちに来る、いつも豪華なドレスや欧米製の絵本やオモチャなどをくれる人、子供が使えないような、付属の説明書も子供には読めないような、よく解らない最新の電化製品のお土産を持って来てくれる派手なおばさん、くらいの認識でいた。

ちゃあちゃんがいなくなったことで最も大きく変わったこと。それはまず、ちゃあちゃんがいた頃は、あたしには一応お誕生日があった。

お誕生日があった……。

それは、自分の生まれた日に家族や友達に祝ってもらう、お誕生日パーティをするという習慣があったということだ。

　しかし、それがないということは、その人には誕生日はないということと同じなのだ。その貴重なお誕生日は、二回しかなかったために、小学校低学年の時のことだが逆に鮮明に記憶している。

　今では普通だが、その当時には珍しい手作りレアチーズケーキの簡易キットみたいなものがスーパーで売っており、ひそかに流行っていた。ちゃあちゃんはそれを手作りケーキと銘打って友達を呼んでくれ、子供部屋にお菓子やジュースなども準備して、あたしは皆と一緒に楽しんだ記憶がある。ちゃあちゃんがいたのだから、たぶん小学二年生の時のことだろう。

　ちゃあちゃんの作ってくれたのは不二家のミルキーを混ぜたような、少し乳くさい甘さのレアチーズケーキで、ほんとうに美味しかったなあ。

　でも、お嫁に行ってしまってからは、どんなに頼んでも二度と作ってくれることはなかった。

　小学一年生の時のお誕生日は悲惨だった。夜、三階のダイニングにちゃあちゃんといる。目の前にはイチゴの生クリームのバースデーケーキに赤や黄、緑などのロウソクが挿してあり、あたしはちゃあちゃんと二人きりで着席していて、リビングを遮る造り付けの棚の向こうでは、父や、後に実母と知る女性と、友人達が花札に興じていて、全くあたしに目もくれなかった光景だ。

　ちゃあちゃんが、「まったくもう……お兄さんやお姉さんときたら……」みたいなことを呟いたのを忘れない。そうこうするうちに、ちゃあちゃんは大人たちに何か用事を言い付けられどこかへ行ってしまい、あたしは広いダイニングテーブルに一人座ったまま誰かを待つが、誰もあたしの存在やあたしの誕生日を気にする人はいなかった。その夜も、ずっと、いつまでも忘れられていた。だんだんとお腹が空いてきて仕方がなく、ロウソクの灯らない自分のバースデーケーキを、自分で一切れだけ切って、食べた。一度もロウソクの火が点かなかったバースデーケーキは、心の温度が下がるような味がした。

同居する自分の娘の誕生日にさえ無頓着な父は、小学校を卒業するまでそれこそ進級する度に、「あんたは誕生日いつなの?」「それであんたはいくつになったの?」と、毎年あたしに訊き続け、あたしも毎年淡々と答え続けた。

多分、両親はあたしのお誕生日を覚えようとしていなかったというか、記憶に留《とど》めなかったというか、毎年きちんと訊いては必ず忘れた訳だし、本当に関心がなかったんだと思う。

特に母には誕生日を聞かれたことも、誕生日に何かしてもらったことも何かしら声をかけてもらったことすらも全くない。両親がいて、同居で、貧しくもなかったのに、決して両親から誕生日を憶えてもらえないあたしは、世にも珍しい誕生日のない子供として育った。

とにかく両親が生存していて同居していたにもかかわらず、幼少の思い出なんていうのはあたしにとってこんな感じだったし、十八歳くらいまではちゃんと誰かに祝ってもらった記憶はない。

その頃から、あたしは、自分は居ても居なくてもどちらでもいいという存在の子供なのだというのはうすうす感じていた。

母のこと

あたしの母はとても華やかな人で、背も高く、非常にお洒落な女性だった。頭も良く、お金儲けも上手い、母を知る人の大半はそんな印象を持つ。そして、とても気性の激しい人だった。彼女の人生に比べたら、あたしなんて蓮っ葉なもんだ。

この人間を知り、この人間と関わり、この女性の娘に生まれたあたしは彼女を語る時は慎重になるし、未だに少し緊張する。しかしながら、あたしの話をする限りは彼女の話を避けることが出来ないことも自分自身よく解っているつもり。

あくまでも、ここに書きながら自分のことを映さないように用心しなくてはならないと、自分自身に言い聞かせながら、この機会に母と自分を探ろうと思う。

あたしが直接知る母の情報とは、母方の祖母がロシア人と中国人の混血で北朝鮮生まれ。祖父の来歴は不明だが軍人だったと小耳にはさんだことがある。少なくとも半島人であったのではないかと推測する。母は韓国のソウルで育ち、十六歳で初めに長男を生み落とすと、どのような順番か知らないが、二男二女を生んだ。十六歳だと、まだ少女である。韓国では戒厳令がしかれ、不倫の男女が密告されると姦通罪で拘留される時代だ。ソウル市内で未婚の十六歳少女の出産は普通のことではなかったと察する。通常ならば高校生活を送っている頃だろう。しかし、あたしの母はその頃すでに飛び級でソウルの梨花女子大学校に学び、十九歳で卒業した才媛だと、父や、まわりの皆から聞いていた。母のことは大嫌いだったが、子供心にも何でもできる母のことをすごいなあと尊敬の気持ちを抱いていた。そこを褒められたり、感心されたりする母の姿を目の当たりにするのはやはり誇らしかった。

当時十六歳の母の子育てはどうやって、誰の協力を得たのか。あたしの子供時分にそんなことを質問したこともないし、あたしと母の関係では聞くよしもない。疑問に思ったことすらない。あとはとても色が白くて、麺類が好きだった。血液型は0型。英語と広東語と韓国語、日本語、ドイツ語など、実際に話しているのを見聞きしていたので、各国語を自在に操る姿がかっこいいと感じた。母は自分の過去のことを父にも誰にも一切余計なことは話さない人だったので、出身校と子供を生んだということ以外に母の過去を知る者は少なく、父ですら、母が十代の頃に韓国で子供を四人も産んでいたことを結婚してから知ったと言っていた。あたしが子供の頃には母は何故、自分自身の話をしたがらないか解らなかった。母が亡くなってから十年近く後で分かったことだが、母は先祖代々に遡ると普通の家の出ではなかった。母はしかるべき場所に必要とされる人材として生まれ、そこで役立つように、特殊な高等教育を授けられ、養成されていたようだ。

日本橋の、両親と過ごした家を思い出すと、まず、地下室が頭に浮かぶ。

家は元々病院だったところを住宅に作り替えた建物で、そのためかその時分の住宅には珍しい地下室が備え付けられていた。真っ暗で、カビの臭いが充満した不気味な地下室。そこには嫌な思い出がある。幼い頃、時々やってくるおばさんだと思っていた母に、よくそこに閉じ込められたからだ。なぜ閉じ込められたか真相は不明だが、ちゃあちゃんが、「お姉さん、まだ（あたしは）小さいから（お仕置きは）もう充分でしょ」と哀願している声が真っ暗な地下室のドアの向こうから漏れ聞こえていた。

じめっとしたカビの臭いに圧迫された真っ暗闇の中で、恐怖のあまり半狂乱で泣き叫び、両手が腫れて握れなくなるほどドアを叩いた。

長時間泣き叫んだあたしは、いつしか気を失っていた。

またある夜のこと。母から折檻を受けているときに珍しく父が家にいたので、今夜は助けてもらえる、庇《かば》ってもらえるだろうと安堵《あんど》した。母から引きずり回され転倒し、床に伏せていた顔を上げようとしたそのとき、

「頭はよしなさい、頭は。バカになるから」

という父の声を頭上から浴びた。その瞬間、冷水のシャワーをかけられたようにハッとした。あたしはこうして、現在までずっと、親にも誰にも助けを求めない人間になった。

後に、ちゃあちゃんから聞いた話によると、母はあたしを妊娠中に、逆子で危険だと忠告され

たが聞く耳を持たず、逆子のあたしを身ごもったまま九ヶ月ぎりぎりまで世界中を飛び回り、働いた。その報いか、お産は難産で、帝王切開で自分まで生死の境目をさまよった末にあたしをこの世へ送り出した。母はまるで母子の縁を切るがごとく、へその緒を切った瞬間から、あたしを捨て置いて、すぐに働きだした。子供は欲しくなかったのに、あたしを生んだのは父の強い希望だったからと、あとから母に教えてもらった。そういう経緯で生まれたあたしは、母親とミルクの香りに包まれて過ごす平和な時間、母子の絆を紡ぐ日々を経験することなどなく、ハイハイをして、つたい歩きを始め、一人で歩き、話しだす頃にはすっかりお手伝いさんのちゃあちゃんが母親だと認識していた。確か鳥だったか、そんな動物っているよね。刷り込みっていうんだっけ。まさにそんな感じだったと思う。

　何ひとつ自分で手出しせず、入浴どころか、ものごころがついても食事すら一度も一緒にしたことがないのだから懐《なつ》かないのも仕方ないと普通は思うが、母は、彼女は違った。

　母は、いつまでたっても自分に懐かないというか、むしろ年々懐かなくなるあたしを憎み、持て余し、その怒りはいつも、ちゃあちゃんかあたしのどちらかに向けられることになった。その怒りがちゃあちゃんに向けられた時は、あたしがちゃあちゃんのことをうっかり「ママ」と呼んでしまい、ちゃあちゃんは母からご飯の入ったお茶碗を投げつけられたと後からちゃあちゃんに聞いた。

「何故この子供はお前をママと呼ぶのか。この子供はお前を母親だと思っている。呼ばせたお前に責任がある。どんな教育をしているのだ。私に嫌がらせのつもりか、恥をかかせて！」

多分あたしが母に地下室に入れられたのは、そういった出来事に母が癇癪を起こしたからだろう。

いつだったか、珍しく母が家におり、三階のリビングにお客もいた。なにごとか、呼ばれて渋々三階に上がり、お客に挨拶を済ませると、母が自分の膝に座れという。

「ええっ！（何で座らなあかんのん）」

躊躇していると、無理矢理に座らされ、突然母から頬にキスをされた。驚いてすぐに飛び退《の》いた。キスをされた頬が不快で、袖口で拭ったのを憶えているが、お仕置きの理由とは万事そんなことだったと思う。

なにせ、聡明で美しく、いつも人の注目を集めていた母は、この時ばかりは客人に可愛いと褒められた娘とのデモンストレーションを披露しようとし、度々失敗したのだから。

ある時は、「お前の足はヤエちゃんによく似てきた」と言った。ヤエちゃんとはちゃあちゃんのことだ。

ええ？　あたしはママから生まれたんじゃないの？　いつもあたしのお産が大変で死ぬところだったと、自分のお腹の傷跡をあたしに見せて、誇らしげに、あるいは恩着せがましく、いかに自分が大変な思いをしてあたしをこの世に送り出したかを繰り返し教えてくれていたのに。訳が解らなかった。そのくらいの年齢になると、子供でも、子は親に似ることや、血が通うのと同じで、何かしら共通するものを受け継ぐことは薄々知っていたのだから。

母は少し倒錯していたのか。非科学的であり得ないことと知りながらも、そんなことを言ってみたい動機はどこにあったのか今では知る由もないが、才媛と謳われ、最高の教育を受けた人間の吐く言葉ではなかった。

時折、両親の言い争いが三階から聞こえた。韓国語でやり合っているから全く意味が解らないのが余計に不安だった。そんな時は決まって、夜、遅くなると、三階から母の弾く激しい曲調のピアノの音色がいつまでも家中に物悲しげに漂った。

ある日のこと、そんな母が旅先から戻った。時差のために眠れなかったのか、珍しく朝に起きていた。しかもなんと泣いていたのだ。

「ううう、ごらん。ハッチはどんな困難に襲われても挫けず戦っている。みなしごハッチは独りぼっちで。ううう」

テレビアニメを見ながら、本当にいつまでも大粒の涙を流して泣きじゃくっていた。もしかしたら五十を過ぎていたかも知れない母は、「みなしごハッチ」というアニメを視《み》て涙を流し、本当に心から泣いていたのだ。小学二年生になっていたあたしですら視なくなった幼児向けのアニメを視《み》ながら。

あたしはますます母のことが解らなくなった。

容姿端麗、高学歴で男勝り、語学堪能、世界中を飛び回り、貿易業などを成功させていた知性的で一見冷たい感じのする、お洒落で、プライドが高く、人に美しいと賞賛された母は、実は子供っぽくて、純粋で、傷つきやすく、感情的で、ストレートにしかものが言えなくて、乱暴で、だけど実は繊細で、不器用な人だったのだろうか。生前は大嫌いだった母のことを、今はそんなふうに感じている。

あたしは母が亡くなるまでは本当に子供だったから、よそのお母さんのように、ご飯を作ってくれたり、世話を焼いてくれたりするのが母親の、子を持つ大人の女のあるべき姿だと思っていた。それが不動の真実で、優しさだと思い込んでいた。ご飯を作ってくれないのは母が優しくないからで、家に居て、あたしの世話をしてくれないのはあたしなんかどうでもいいからだと思っていた。

ちゃあちゃんの闇

ちゃあちゃんは嫁いでからも良子を出産するまで、ちょくちょくあたしの家に出入りしてはご飯を作りに来てくれていた。

くれていた……という表現は、学校から帰ると明らかにちゃあちゃんが作ってくれた食事が用意されていたからだ。

あたしは、大好きな、懐かしいちゃあちゃんのおいしいご飯が食べられることに狂喜乱舞した。でも、ちゃあちゃんは、ご飯は作ってくれていたが、あたしが学校から帰るまで一度も待っていてはくれなかった。いつも、誰にも、何の知らせも無く突然にやって来た。心配する幼い養い子のあたしの為に、身重の体でうちに来てご飯を作って帰る。とても優しくて美しい話だ。父はこの彼女の気持ちに感謝して度々小遣いをあげた。

まさか、このちょくちょく出入りしている間にも、あたしたち家族の自宅を隅々まで知り尽くしているこの育ての母とも思っていた女が、実は泥棒を働いていたとはうちの誰も疑わなかった。あたしのうちでの彼女の仕事は子守りであり、お手伝いさんであり、あたしに優しい態度で接し、面倒を見て、あたしをダシにしていれば疑われないし、得をしたのだ。

食事の世話も、送り迎えも彼女の仕事で、優しいからではなかった。多少の情は芽生えていたとしても、愛していたからではない。利用したのだ。この時より、あたしにとって家事とは、お金を出せば他人が仕事としていくらでもこなしてくれることであり、世の中には家事仕事が好きなものも居るし、そうじゃないものもいる、という認識だ。

母の着物ダンスから一枚ずつ消えた、故美空ひばりさんと同じものを同じ作家に頼んで極秘で作ってもらったという、値段を言うのも憚られるような着物の数々、十カラットのダイヤモンドの指輪、毛皮、宝飾時計、美術品、数えたらきりがないが、最後があたしのブラックグラマ。黒いミンクの毛皮のコート。

それらは、ハズレ馬券との引き換えだった。

子供時代の、唯一キラキラした思い出にも薄黒いもやがかかってしまった。

そのためか、友人達がこぞって「愛しているから世話が出来るというものよ」と言って胸を張り、頬を染めるが、あたしには疑問だ。

愛していても家事が苦手な者もいる。愛していなくとも家事をする者もいる、という事実があるだけ。決してあたし自身と母の言い訳などではない。

子犬のチルのこと

その日がやってきた。

とうとう犬を飼う許可を勝ち得たのだ。

ちゃあちゃんが居た頃は、何を言ってもダメだったが、うちに誰もいなくなって可哀想だと感じたのか、予想外に母が許してくれた。思ってもみなかったことだ。

この家で母が味方につけば全ての望みは叶い、解決したことを意味する。

母は自分の寝室へ初めてあたしを招き、自ら導き入れて、金庫の上の大黒さんだか何だかの細工の立派な陶器の置物を重そうに床に下ろした。それからあたしに、新聞紙と金槌を持って来るように言い付け、広げた新聞紙の上にその立派な置物を置くと、いきなり金槌で叩き壊し始めた。

「な、なんてことを……なんで?」

壊された置物からは沢山の硬貨が溢れ出てきた。立派で細工のいい置物は貯金箱にもなっていたのだった。

見るからに高そうで立派な置物は、未練のカケラもなく見事に粉々となった。

陶器の破片を避けて、慎重にお金を取り出していき、母と一緒に数えた。一年間のうち二回と一緒に食卓を共にしない母と、一気に距離が近づいたと感じた。今考えると、別になにも犬を買うために立派な置物をわざわざ叩き壊さなくともお金はあっただろうに、あたしと一緒にそうする行為に意味があると母は考えたのだろうか。

叩き壊した貯金箱から出たお金は十一万円くらいになった。壊された大黒さんから溢れた小銭を一生懸命に数えて、そのお金を持って母とペットショップへ行き、ふわふわの、真っ白い牡のマルチーズを連れて帰った。

「名前はなんにしようかな。ブルー、マリー、クレオパトラは長いかなあ」

するとと母が、

「マルチーズだから、チズ、チルにしよう」

と言った。

「ええ〜可愛くない」

母が怖いので、心の中だけで言った。あたしはブルーと呼んでいたが、結局はあたしもチルと呼んでいた。父からは、あたしの部屋にチルのゲージを入れるように命じられた。

チルが子犬の頃はササミを湯がいて細かく裂いたものを与え、水分は牛乳を飲ませ、食事のお世話はあたしがしていた。ササミの買い出しも散歩もあたしの仕事で、それが犬を飼う条件だったのだが、大人の予想通り、初めだけに終わった。

世話をやめたからチルは懐かなかったのか、懐かないから世話をしなくなったのか分からないが、とにかく、あれだけ憧れに憧れた犬との生活は理想とはかなり違った。

チルに気に入ってもらおうと犬用のオモチャを買って与えてみたり、父には内緒でこっそりとチーズやビーフジャーキーなどを食べさせ懐かせようとしたが、一向に関係は良くならなかった。お小遣いでチルのためにオモチャを買ってきても、我が家では犬には禁止のおやつを食べさせても、オモチャでは遊ぶし、おやつも夢中で食べはするが、こんなに色々と喜ばせているのに、やっぱりあたしには懐くことはなく、憎たらしくて、時たま癇癪をおこし、チルを殴ったり、投げつけたりしたこともあった。犬の目から涙が溢れるのを見ても、完全にあたしに折伏《せっぷく》するまでやった。

信じてもらえないかも知れないが、犬には悲しい時の涙がある。しかしチルは、その時はキャーンと哀れな鳴き声を出して赦しを請うて泣き、一瞬だけ身をすり寄せてあたしを喜ばせ、満足させたが、父の姿を見るなり、たちまちあたしに牙を剥き、ますますあたしには懐かなくなった。世話を放棄したあたしに代わり、いつも朝晩、決まった時間に散歩へ連れて行き、餌の世話からグルーミングに至るまで、きっちりと、一日も怠ることなく面倒をみていた父に、ことのほかチルは懐いていた。

父はあたしの世話をしたことはないが、チルの世話は完璧だった。

あたしは父とチルの関係を羨ましく感じていた。

特殊な家庭環境

母はソウルに生まれたと戸籍上ではそう記されているのだが、実際は違っていたようだ。彼女の口から出生に関しては、朝鮮半島の北部で生まれたとしか聞いたことがないし、ちゃあちゃんによると一説には、実は、母は年齢すら本当のことを言っていなかったということだ。

幼い時分に父から与えられた母の情報は、いつも断片的だった。

「おまえの母親は、ソウルの梨花女子大学校を飛び級して卒業した才媛なのだ。おまえにはその血が流れているのだし、賢いはずだからもっと勉強しなさい」

とか、「初め、おまえのお母さんは、子供を、おまえの前に二人生んだと言ったが、本当は四人だった。まさか四人もいるなんて。後から判って、俺は騙されたのだ」「若い頃は顔が小さくてねえ、本当に可愛かった」「俺と東京で出会った時、イリーガルに日本へ入っていたおまえのお母さんのために、入国・滞在許可と、永住権を取るためにどれだけ大変だったことか」

半ば愚痴にも聞こえそうな父の言葉をあたしなりに確かめ、事実と、記録と、当時の母を知る人からの話を一つずつ繋げ、和訳し、何年も何十年もかけて母の人生の一片を知ることが出来た。

いずれにしても、同じ母国から日本国に、夢を見てやって来たもの同士が出会ったのがあたしの両親というわけだ。

父は来日して、まずは神戸に落ち着いた。十代の頃に韓国でキックボクシングをやっていた父は気性が荒くてケンカが強く、また、正義感も人一倍だった。当時は、そんな男達の大多数は、警察官か任侠道に分かれて、己の食い扶持を見つけていたのだと時代背景から察する。

しかしもちろん、日本国籍を取得していない父が日本国の警察官になれる訳もなく、また、在日同胞の多くが任侠道を選んでいたのもそこにいく大きな理由になったのだろう。

単身、日本国へたどり着いた父は、神戸の港で朝から明け方まで働いていたという。その頃、神戸時代に多くの友人が出来たようで、その仲間達は後に、有名な親分さんになった人もいたようだ。友人達と、合い言葉のように言い合った。

働いて、働いて、金を稼ぐのだ。


父と母は東京で出会った。神戸で別の女性との間に一男二女をもうけ、家族生活をおくっていた父に、どのような事情があって単身で上京したのかは定かではないが、父曰く、許せない事があったのだそうだ。

「はじめ、東京では何をして良いか分からず、テレビ局でメイキャップやヘアーの仕事をしている、大変にやり手の女性に面倒を見てもらっていた。その女性は後々に、それは有名になって誰もが知っているような立派な経営者となった。だが俺は、そういうヒモ生活がだんだん嫌になってゆき、そこで、おまえのお母さんと知り合った」

と父は言った。その経営者の女性は、日本のメイキャップ界の草分けで、名前も顔も広く知れ渡っている。あたしでも知っていた。

父と母は赤坂のナイトクラブで出会い、一緒になった。その頃、母がどのような生業で生計を立てていたか分からないが、その当時、半島から女が一人でやって来ていたのだから、相当な気合いは感じられるところだ。それから、どういう流れで宝石を扱う仕事をするようになったかは分からないが、父は確かに宝石を鑑定していたし、鑑定士の認定証も取得していた。それは、この頃のことだろうか。始め、元手がなかった父は事務所を借りる資金もなく、赤坂のホテルニュージャパンという場所のロビーを使い商談していたそうだ。ホテルの部屋を借りることも出来ないので、電話連絡は全てホテルのフロントを通して呼び出してもらっていたと話していた。そのうち仕事がうまくいき、商談場所をロビーから階上に移したと言っていた。

母は、韓国に子供を置いて、過去の全てを捨て香港経由で日本国に入国していた。そう、潜伏していたといっていいだろう。母は特別な生まれと先に書いた通り、先祖代々、そういった諜報機関に携わる家系に生まれた人間で、そういう専門の教育を施された女性だった。それがなぜ父と一緒になってしまい、あたしを産む羽目になったのか。それは彼女の誤算ではあったようだが。

つまり、実際に日本を見た母は先見の明があり、これからは日本では諜報などよりも、経済だと気がついていたのだろう。そこで父という同郷の豪気な男と出会ってしまった。父もちょうど、著名な日本の美容界のカリスマ先生のヒモでいるのに飽き飽きしていて、自分の力をもてあましていた。父は、母の特別永住権と、韓国のパスポートを手に入れるのに、当時のお金で五千万円という費用をかけたらしい。

一方、母にも韓国に家庭があったそうだが（正確に家庭と言っても良いのかどうか）、とにかく、十六歳で長男を生み、十九歳で大学を卒業し、日本に渡って来るまでに二男二女を産み落とし、単身で日本国へ入国している訳である。時代は昭和二十年代頃のことで、当時の韓国でも特異なことだろうし、おそらく日本でもそれは普通のことでは無かったように思う。今でも珍しいことだろう。

母が最初に結婚した男の素性は元軍人で宗教家で、父に言わせれば、「時どき新聞に掲載される有名な悪いやつ」だったそうな。

父と母は日本中を巡り、その土地土地で宝石商として営業をしたようで、その方法は、昭和の良き時代を反映したような微笑ましいものだ。目立つ格好をして友達を作るだけ。そういうことから始めたようだった。

あたしのうちがよそとは少し違うと感じ始めたのは、小学校へ通う頃だった。

家に出入りする人の多さ、毛皮や宝石の数々、使用人、ルイ・ヴィトンのトランク、下町の個人宅には甚だ相応しくない大きさの金庫、海外旅行、誂えの見事な螺鈿《らでん》の高級家具。その中に納まっている調度品や、ピカピカのワニ革のバッグの数々、ルイ十四世朝風の寝室に、エンジ色のカーテンと赤い絨毯。当時まだ珍しかったキングサイズのベッド。そしてモスグリーンのベンツ。

物心ついた時にはすでにあたしの身の回りにあったものは全て、両親が裸一貫から働いて得たものだ。特に、一九六〇~七〇年代の大阪の下町にはベンツは珍しかったと思う。色のチョイスが一般的ではないが、それはたぶん母がモスグリーンを大好きだったためだろう。その頃の来客はといえば、映画に出てきそうな真っ白のボルサリーノ帽を被ったおじさん。何者だったのかな。それから金髪の妖艶な、今で言う性転換美女の方々。お上品な身なりと物腰で、幼稚園児に毎回毎回五万円のお小遣いをくれる全身に総和彫りの刺青をした和服の綺麗なおばさんに牧師夫婦と、来客のバリエーションは豊かだった。後々考えると、やはり普通の家ではないと思う。

家の中では韓国語、英語、日本語が飛び交い、友達が来ると変な顔をされたし、恥ずかしかった。おまけに母は、自宅前のアパートに、どういう経緯か、「ピ」さんという中国人孤児の男性を引き取り、面倒をみていた。「ピ」さんは日本語を殆ど話せず、母とだけ広東語で話した。

父は広東語が解らなかったし、ピさんのこともあまり良く思っていなかった。

あたしは母と同じくピさんをピーと呼び捨てにしたが誰も咎めなかった。

ピさんは、アメリカや香港、母がよく出かけた場所には必ず同行していた。達者とはいえ母は女性……。用心棒のつもりで連れて行っていたと思う。ピさんは拳法の達人で、ジャッキー・チェンの兄弟子だということだった。

両親から受けた教えなどという大層なものは何もないが、時たま印象的な言動で、あたしの人間形成の礎《いしずえ》になったと思われる出来事はいくつかある。

普通の親なら認めないことを認め、子供を早くから一個人として扱い、世の中の建前も、親としての建前も取っ払ってあたしに晒した。良くも、悪くも。

だから彼らに偽善などはない。あたしは世の中の裏も表も、本音と建前も教わっていない。だからあたしは常に本音しか持っていない。そのせいで本当に不本意な目にもあった。この世の中では正直者が損をするような場面も時々はあるからね。

常に本音を晒すということは、傷つく時はダメージも大きいということを知らないで、十三歳から魑魅魍魎犇《ひし》めく世間に出たあたしには、現実の社会は厳しいものだった。それは、自分の身を守る術を知らないで直接大人と関わらねばならなくなったあたしには、無防備極まりない事実だった。

フィギュアスケートの日々

母はビジネスのため海外にいて滅多に戻らない。お手伝いさんは結婚でうちを出て行ってしまった。そんな訳で、肝臓を痛めて自宅で療養する父と二人の生活が始まり、小学二年生のあたりからあたしも鍵っ子たちの仲間入りをした。断酒していた父だが、あたしが学校から帰ると毎日のように留守にしていた。お酒をやめたのにどこへ行っていたのか、飲めもしないのに、寂しくて酒場には行っていたのだろうか。引き出しには毎夕五千円が入っていた。

誰からもずっと放ったらかされて育った少女時代のあたしには、幸いにもいくつかの大きな出会いがあり、束の間の慰めになった。そのうちのひとつ。習い事を全て辞めていたあたしが、自分自身、心から興味を持つことができるスポーツに出会うことができたのだ。

当時はスケートリンクが大阪市内に何ヶ所もできるほどの人気で、ちゃあちゃんのところへ向かう南海なんば駅にも、スケート場を含む娯楽施設があった。現在のなんばパークス「なんパー」という愛称で親しまれている商業施設のあたりだ。

「とんちゃん、スケート行こか。うちのお母さんが、とんちゃんも誘ってあげたらって言うてるで」

とんちゃんとは、小学校時代のあたしのあだ名なのだ。

「スケート?」

今になっても、いくら考えても、どの級友のご両親が連れて行ってくれたのか、不義理にもまったく思い出せないが、小学三年生の終わり頃に、友人とそのご両親に誘われて、初めてスケート場を訪ねる機会に恵まれた。

フィギュアスケート。それはあたしが生まれて初めて熱中したスポーツだった。時は、伊藤みどり選手が天才少女と新聞などで騒がれていた頃だった。記憶は断片的だが、必死で手すりにつかまり、皆がとうにリンクから上がって誰も見当たらなくなろうが、もう帰ろうと言われようが、時どき尻もちをつきながらも、一人で何周も何十周も手すり無しで滑れるまで粘ったのを憶えている。

あたしは一旦熱中すると、自分が納得するまで意外としつこいのだった。

日曜日になると朝一番でなんばスケートリンクのチケット売り場に並ぶ。チケットを買うと、一目散に更衣室へ行き、一分でも、誰よりも早く着替えて、一番に空気の透き通ったリンクへ飛び出した。お腹が鳴るまで滑り続け、空腹に気付いたら残りのお金で色々と買い、家族連れの行楽の喧噪の中に、隠れるようにひとり背中を丸めて、食べたり飲んだりした。その見慣れた光景にも、時々は淋しさや憧憬が胸をチクッと刺したりしたこともあったが、ひとたびリンクに出れば何も感じなかった。最初から思い切りスピードを上げてリンクを駆け抜ける。誰よりも速く、速く。疾走感が周りの景色を消してくれた。そうしたらもう淋しくも何ともなかった。

一般客で混んできたり、教室の子らがたくさん来ていると、そのどちらでもないあたしは居場所がなくて、内緒で二階の小リンクに忍び込み、一人で滑った。小リンクは余程の人出でない限り未開放になっていたが、氷は張ったままだったので、あたし一人だけの空間を求めて、何度となく無断で入り込んだ。

たんと光が差し込む明るくてしんと静まった神聖なリンクでは、あたしのエッジが氷を削るシャッという音だけがして、そこでは自由に、のびのびと、誰に遠慮することなく、思う存分全身で光を浴びた。ひんやりと漂う冷たい空気のなか、熱気を帯びたあたしが颯爽と冷風をきって一心不乱に飛び、舞う。その瞬間、本当に死んでもいいとさえ思えた陶酔があった。

初めてのスケート場で、必死で手すりにつかまりながら氷を制覇しようと企んだ女の子は、クロスも滑り、バッククロスも、スピンも、ジャンプも、見よう見まねでこなせるようになり、いっぱしのスケーターになっていた。見学に来た異母姉は、上達の早さに目を丸くして驚いた。

あたしは、本当にフィギュアスケートが大好きだったからだ。

「スケートを教えてくれるおじちゃんがいる」

あたしの上達の早さを姉が父に伝えたのか、珍しく父があたしの行動を詮索してきた時に、あたしが言った何気ない言葉が父には引っかかったようだ。

「おじちゃんて誰だ」

「え、いつもスケートを教えてくれたり、あたしの大好きな鶏のもも肉を食べさせてくれるおっちゃん」

「知らないおじさんと話すのは良くない。鶏のもも肉が食べたいなら、今後は市場へ行って自分で買って食べなさい」

と警戒し、案じた。

父がそう言うには訳があって、あたしは小学生にしては発育が良く、目立つ少女だった。そんな女の子が、猥雑な街中で育つと、日常生活の中で、何度となく怖くて、気色の悪い目にもあってきたため、父が珍しく難色を示したのだと理解した。何故ならば、あたしにその気色の悪いことをしたうちの一人が、度々父を訪ねて家に出入りしていた男だったからだ。あたしは、父を訪ねて来た男を通した際に、男曰く、成長したあたしと足の長さを比べる必要があるため、という不可解な理由で下半身を撫でられ、触られ、指を滑らせて間に挟み込まれた。道端で知らない男に胸を触られ、痴漢されたり、夕暮れ時に下半身露出で男に追いかけられたりした時とはまた違うショックだった。安全なはずの日中に、安全なはずの自宅で、顔見知りの父宛の来訪者と二人っきりというシチュエーションがとても怖かった。迷ったが、父に訴えた。エスカレートする可能性を肌で感じ、予想したためだ。父は、あたしには「子供にそんなことするわけがないでしょう。あんたの勘違いなんじゃないの」などと発言してあたしを不信に陥れたが、それ以降、その男を見かけることはなかった。

スケートからだいぶ話が逸れたが、そういった経験もあり、父があたしの身辺に少し過敏に反応していた時期だということもあり、スケートのおじちゃんは危険かも知れないから話すなという絶対の指示がきた。実際、そんなふうに親に言われたら、優しいおじちゃんが変態に思えてきて急に怖くなり、それ以降、ずっとあたしに親切にしてくれていたおじちゃんと話すのを止めて、無視するようになり、怪我をした時には絆創膏を貼ってくれた恩のあるおじちゃんを遠ざけ、あたしはおじちゃんを裏切った。初め、おじちゃんは訳が解らずといった様子で悲しそうだったが、何週かしたら、慣れたのか諦めたのか、おじちゃんもあたしを見ても知らん顔するようになっていった。すると今度は逆にあたしが気まずく感じるようになった。おじちゃんと顔を合わせるのが嫌で、スケートリンクへ行くのさえ億劫に感じだしたほどに。

あたしは、父にスケート教室に通わせてくれと頼んだ。おじちゃんを避け、スケートに集中するためだ。しかし、当時は正式に教室に入会すると、毎回保護者の付き添いがなければ参加は認められず、うちには子供の夢と可能性のために時間を割いてくれるような親はいなかった。

そのうちスケートリンクで頭を打った子供が亡くなったとかいう話をどこからか拾ってきて、あたしにスケートを諦めるよう促した。こうして、あたしのスケート選手への夢と希望は消え、スケート生活は終わってしまった。

スケートに関しては今でもなにか言うに言えないこびりついた感情が残っている。

殴られたり、奪われたり、ほったらかされたり、捨てられたりと、色んな事があったが、親に対して恨み言をひとつだけ言うならば、あたしからスケートを取り上げたことだ。生まれて初めて自分からやりたいと言い出したことだし、情熱も継続されていて、もっと上達する可能性があった。こんなことを言うと、そんなに好きなら、高校生になってからまた始めれば良かったじゃないとか、ほんとに好きならどうにかして続けたはずだとか言う人があるが、その人はフィギュアスケートを知らない。フィギュアスケートだけは、早く始めるにこしたことはないスポーツであり、金銭的にも小中学生のお小遣いで間に合う習い事ではなく、草野球と違い、グラウンドや、原っぱがあれば成り立つスポーツでもない。スケートリンクがなければ練習ができないのだ。氷のない所でフィギュアスケートの練習は出来ない。スケート靴がなければ氷の上に立つことすら不可能なのだし、そのスケート靴は消耗品で、エッジも消耗品だ。それらは数万円から数十万円もする道具だ。それに、競技に参加するようになると衣装も必要だ。三十万、四十万円は当たり前の価格で、手作りできるような器用な親御さんが居れば割安で済むらしいが、そんな親はあたしにはいない。

子供が夢を持っても、それを理解してバックアップしてくれる環境がないと、なかなか夢を見られないものだし、夢と向きあえない。本当に、子供は無力だと実感した。とても悔しかった。

「外国人だから仕方がない」

小学三年生までのあたしを振り返ると、大人しくて、本を読み、絵を描いては空想ばかりしていた。

そんなあたしが次第に変わっていくきっかけはいくつかあって、最初の洗礼は小学一、二年生の頃にやってきた。ある日、家に遊びに来た友人が、

「いえのひと、なんて喋ってんの」

と聞いてきた。
「あのな、絶対にゆうたらアカンで。あたしの家な、韓国人やねん。純ちゃんは親友やから言うわな」
あたしは親友に秘密を打ち明け、親友は秘密を守らなかった。
あたしの不用意な発言はあっという間に小学校中に広がり、皆が知る事実となってしまった。
そして、そのために違いない友達や先生、近所の人といったあたしを取り巻く周囲の人たちの態度の変化をとても悲しく思った。自分は、他の子たちとは決して交われないのだと悲観的になった。昨日まで一緒に楽しく遊んでくれていた友だちが、一転して虐めっ子に豹変する違和感をなんと表現して良いのか分からない。同じ保育園に通い、同じ幼稚園にも通い、同じ小学校に通っていて、同じ市場のほぼ同じものを食べて育ち、真隣に住んでいても、でも、ここでは外国人だという事実が、これほどまでに特別な扱いを受ける要因になるんだなと深く実感した。あたしはみんなと違い、他の人の眼に異様に映る存在だったのだ。
韓国人らしいで
韓国人やったんや
なんや、韓国人のくせに革靴履いて頭にリボンなんかつけて
それ以後、しばらくは自分の言いたいことも言えず、思ったことも口に出来ない、さっきまで生きていた蟹を食べた自分を責めて激しく泣く、という不器用な子供となった。

放課後になると一目散に家に帰り、二階にある自室に閉じこもり、ベッドの上に三角座り（体育座り）をして、今日もやって来るであろう奴らを思い、兢々として硬く身を縮めていた。

あっ、やっぱり今日も来たか。

「かーんこーくじん、かーんこーくじん」

手を叩いて囃し立てる声がだんだんと近づき、そして、あたしの部屋の真下で大合唱が始まる。笑い声も聞こえる。

ガッという鈍い音がした。あたしは布団の中で目を閉じ、いっそう身をすくめる。

あたしの部屋の窓をめがけて石が投げつけられた音だった。うちの窓ガラスに針金が入っていなければ、きっと何度も割れていたと思う。

何も悪いことをしていないのに、保育園から昨日までずっと仲良くしてくれた友達の仕打ちに、独りで泣きじゃくるしかなかった。しかし、この虐めが始まったことにより、内気なあたしは次第にたくましくなる。ならざるを得なかったのだから。

遊んでくれる友人を求め、合唱に加わらなかった友達を訪ねて遊びに行ったら、やはり居留守を使われるようになっており、韓国人の子供に対しての虐めはエスカレートしていった。さすがに家の下での大合唱は飽きたのか、注意を受けたのか、いつの間にか一人減り、二人減りしてそのうち誰も来なくなったのだが、そのかわり学校での地獄の虐めが始まった。

休み時間になると誰にも話してもらえず、遊んでもらえず、混ぜてもらえないあたしは誰と視線を合わすこともかなわず、その十分間はできるだけ存在を消したいがため両手を机に置き、顔を伏せる。

ガツッ！

頭に何か当たった。当たった衝撃か、中身がバラバラッとこぼれる音がする。これは多分プラスチックの筆箱だ。大丈夫。まだ頭を上げないでいる。

ピシッ！

今度は何やろ。定規か。痛くないわ。

グサッ！

痛い！　これはヤバい。何やろ。コンパスやわ！

身の危険を感じ、顔を上げてとっさに逃げ出した。

待ってましたとばかりの何人かに追いかけられて、仕方なくトイレの個室へ逃げ込む。あわてて鍵をかけようとするが、どーん、どーんと体当たりしてこられて、なかなか鍵をかけられない。閉まれ、閉まれ、念じながら左足に重心を置き、渾身の力でドアに寄りかかり、右足を後ろに突っ張って、開こうとするドアに全身で抵抗し、鍵をかける。

ドンドン、ドン！　バンバン！　ゴンゴン！

ドアを拳で叩いたり、平手で打ちつけたり、足で蹴ったりする音だ。いくら威嚇されようと、絶対にこのドアは開けない。しばらくして、「きゃーあははは」。嬌声が聞こえる。

ビッシャー！

誰かがホースから勢い良く水を出して、あたしが籠城する個室の上の隙間から放たれた。髪の毛を濡らされ、毛先から水が滴り落ちていた。しばらくして、誰の声も聞こえなくなり、気配がなくなってもまだいるような気がして、びしょ濡れのままいつまでもドアを開けられなかった。

あるとき、すぐ上の異母姉が神戸からあたしの暮らす大阪の家に遊びにやって来ていた。自室で泣いていたら異母姉が入って来て、どうしたのか尋ねてくれた。泣いていても誰かに尋ねてもらったことがなかったから、悲しいが、一瞬少しだけ嬉しさが加わったのを確かに感じた。

「韓国人だと分かってから学校で虐められている。みんな、友達だと思っていたのに」

「……そうなんや」

「もういやや。あたし死にたいわ」

「あのな、ちょうどええやんか」

「なにが」

「そんな友達いらんやんか」

「……」

「お姉ちゃんはな、思うで。ちょうどええって」

「そんなこと言うけど、あたしだけ友達が誰もおれへんねんで。なんもしてないのに毎日毎日虐められて。お姉ちゃんには解らへんわ」

「お姉ちゃんにだってな、同じようなことがあった。だけどな、そのなかで遊んでくれるようになる子もおるし、そうじゃない子もおる。これから友達とは仲良くなる前に最初に打ち明けたらええ。それでも遊んでくれるんならその子が友達やんか、な」

「お姉ちゃんはええやん。ほんまの兄姉がいつも一緒に居ってくれる。学校でなにかあっても味方になってくれるし、助けてもくれるやろ。あたしみたいに独りぼっちと違うやん」

と言い、叫び、嘆いた。

しばらくして母が帰国してあたしに言った。

「なに、虐められているのだって」

母が初めてあたしの学校生活に関心を持った。

あたしは今までのことが全て込み上げてきて、体罰や折檻の恐怖がチラリと過《よぎ》ることも無く一気にまくしたてた。お母様を相手に。

「そうや。ずっと虐められてるもん。どうせそんなんパパにもママにも関係ないねんやろ。あたしのこと何も知らんくせに！　あたしは韓国人になんて生まれたくなかった。何であたしを韓国人に生んだんよ！　あたしは大きくなったら日本人になるんやから！　絶対に、絶対になってやる」

叫び、号泣した。

さあ母よ、何と言う？

「仕方ない。だっておまえは韓国人なんだから。その事実は変えられない。おまえが体中の血を全部入れかえたところで、おまえに韓国人の血が流れていることに変わりはないし、たとえおまえがパスポートを緑から赤に変えてみたって、おまえが韓国人に生まれた事実は変えられない。パスポートの色を変えることはできても、おまえの歴史を変えることは出来ない。おまえが大きくなって日本人になりたいというのはパスポートの色と文字を変えたいということで、日本人になれるという事と違う。反対はしないが大きくなってから自分で決めなさい」

「大きくなって？　いやや。今すぐなりたい。ママは、あたしが、あたしだけ日本人になるのが嫌なんやろう。だから邪魔するんやわ。パパやママに反対なんかする権利ない。放ったらかしのクセに！　あたしが虐められている時、いつ助けてくれた？　いつ話を聞いてくれた？　いつ慰めてくれたっていうのよ」

自分でも驚いた。一度だってこんなふうに親に口をきいたことはない。

「帰化は今すぐにはできない。手続きもあるし、小学生では無理なんだよ。もう少し後で考えなさい」

「そうする。絶対に。そしたら韓国人だって虐められなくて済むし。反対されたって、絶対にやってやる」

「止めたりはしない。だけど覚えておきなさい。嘆いたって、帰化したって、知った事実を変えることはできないのだという事を」

外国人なんだから仕方がない。

韓国籍だという理由で級友から虐められていると訴えているあたしに母が言った言葉に耳を疑った。

え？　は？　それ？

正直、呆気にとられた反面、その時は感情的にもなっていたので咄嗟に母に口答えしていたが、本当は、もう何も言うことが無くなっていた。

ずるい。母の勝ちだった。

彼女は泣いている子供の目線には下りてこないで、子供を自分の目線に近づかせようとしていた。

母は慰めはしない。慰めても人は成長しないから。現実と、事実だけだ。建前やら、きれいごとのない人だというのを忘れていた。そうだ、彼女はアニメなどのファンタジーでしか涙を流さないし、感傷的にもならない人だった。これ以後、あたしのなかでの韓国人問題はひとつの解決を見ている。

あたしが母に口答えしたのは、後にも先にもこの一度だけだ。

あれ以来、パスポートの色を変えるのと同時に日本人になれるという幻想に、情熱を抱かなくなっただけかもしれない。

あたし自身は、顔立ちと、国籍と、言語と、教育と、家庭環境がバラバラで、何人《なにじん》かと問われたら、自分でもその都度、何人なのかなって戸惑いを感じているし、実際に、在日韓国人ですと言うのに少々躊躇することもある。

国籍は確かに韓国なのだが、別に国籍に拘っているわけでも、帰化しないことに意固地になっているというわけでもなく、ずっと日本にいるのだし、いつか帰化しようと考えて書類を取り寄せたのだが、それ自体に時間がかかってしまい、書類を目にするころには違うことに興味がゆき、戸籍から両親のことを一生懸命に調べていたら気が抜けて、そのまま何となく面倒になってしまって手続きを保留、放置しているだけなのだが。

現在の感覚として母国は日本。祖国は韓国ということになるのかな。わからない。

母との別れ

パーマはまだ早いから許しちゃダメ！　と、嫁ぎ先から遊びに来たちゃあちゃんは意見したが、母が許可した。

おしゃれや、髪型に関して自由でいられたのは、母が寛容でいてくれたからだ。多分、何か失ったものを取り戻すというか、母子の溝を埋めるためにあたしの希望を尊重しようと気づき始めていたのかも知れない。

しかし、気づくのが遅かったのか、母が逝くのが早すぎたのか。もう少し時間があれば良かった……だけど時間は戻らない。

あたしが中学に入学してすぐの春に、母は胃がんであっけなく死んだ。お見舞いには一度だけ、一人で行った。

入院していた母の元へお見舞いに行ったのは、しばらくしてからのことだった。髪をジェルでオールバックに撫で付け、額や眉に少しだけかみそりを入れて、母のお気に入りのモスグリーンの、ウールと革でできたコートを着て行った。すると、それまで浴衣を羽織った姿で横になっていた母は、あたしの姿を一目見るなりカッと目を見開いて起き上がった。そしてふらつきながらベッドから降りると、一言も発しないまま、あたしの手首をつかんで洗面所へ連れて行き、やおら水道の蛇口をひねったと思ったら、いきなりあたしの頭を突っ込んでジェルを洗い流した。春先とはいえ、まだ肌寒いくらいの季節だ。病室に戻っても二人とも無言だった。何も話すことなく、最後までたったひとことも話さず、お互いが押し黙っていたが、あたしがその空気に耐えられずに帰ろうと病室の椅子から立ち上がりドアに向かって歩くと、母はベッドを降りてきて病室の入り口まで二、三歩近づいて来たのだ。振り返り、あらためて母を見たらガリガリだ。とてもあの母とは思えないくらいに弱々しかった。あまりの衝撃に、あたしはその姿をとても正視できなかった。

「また来るわ」

とだけは言ったと思うが、あたしはその約束を破り、二度と行かなかった。そして、それがあたしが見た母の生前の最後の姿になってしまった。

お骨《こつ》になった母と再びめぐりあうまでには、それから長い月日が必要だった。薄情だったあたしに罰があたったのか、お墓を探すのにとても苦労したのだ。

自分が助からないこと、もう長くはないと知っていた母は、父に最後のわがままを言った。

「韓国で死にたい」

重体の母を担架で運び、看護婦を同行させ、近くて遠い祖国へという母の願いを父は受け入れた。

日本からは父と父の長男が付き添い、母の最期を看取ってくれたそうだ。いまわの際には前夫と、前夫との間の子供たち四人も駆けつけていたようだが、今、亡くなったとの連絡を大阪の自宅で受けたあたしは、聞いた瞬間、

「やった。やっと死んだ」

と、ほくそ笑んだの憶えている。その後、何故か一筋だけ涙が流れた。

翌日は、級友たちが訃報を聞いて家まで訪ねて来てくれたが、あたしがニコニコしているので、皆、戸惑っていた。心優しい人達だ。しかし、うちの親子関係は複雑すぎて、理解できるわけがない。

「せっかく訪ねて来てくれたのに、うちは皆が思うような親子関係は築けてないねん、ごめんな」

と、心の中で謝った。

それから数ヶ月が過ぎた頃、あたしの異父兄で、母の生んだ最初の子供で長男でもあるピョングギ兄ちゃんが、母の墓前でガソリンを頭から被り、火を点けて焼身自殺を遂げた。このピョングギ兄は、あたしをとても可愛がってくれた。彼とは子供時代に、母と一緒に香港に会いに行ったりしたこともあった。自殺の原因は、実父との金銭問題。兄は自分の父親から手形詐欺にあい、会社から自宅まで全て失ったのだ。

韓国の異父兄姉らは、母が亡くなってすぐ、母の直筆の遺言なるものを持参して父に迫り、現金やら、美術品やら、宝石やら、骨董品やらなにからなにまで、さらには家の廊下の壁にかかる

絵画まで引き渡せと要求したという。何より、つい先ほどまで母の息のあるうちは、父のことをお父さんと呼んでいたのに、母が息を引き取ったとたんに金さんと、父の本名である名字で呼んだということに、父は大層怒り、また傷ついていた。父のことだからもちろん、「全部もって行け」と言ってやったそうだ。全く父らしいが。道理で、ある時期から家の中の物が少なくなったような気がしていたのは気のせいではなかった。

母が亡くなったという一報が入った当日から、形見分けを所望する女性達で大阪のあたしの家は溢れた。

あたしはまだ子供で、それを制止する力が無かった。母のものは、てんでにちりぢりになってしまい、母を嫌う者の腕を飾ったり、生前に一、二度しか会っていない者の指や、死後に母の悪口を言う者の耳を飾ったりした。それらはあたしに相続されるべきものだったが、彼女らは父が戻るまえに、母の寝室などを家捜しする必要があった。

母の寝室で、ドレッサーの引き出しや、下着の入った引き出しをほじくっている女どもの姿を見た時は、本当にぞっとした。浅ましい人間だなあと思ったし、その光景は今でも忘れられない。

それから数年後、そのなかのひとりから、「これ、あなたのお母さんからもらった形見なのよ」とダイヤモンドのジュエリーウォッチを自慢された時は、心の芯が急速に冷えていき、頭が透明になるような気がした。

母はあなたにも誰にも形見分けなんかしていない。あの日、あなたたちが勝手に、呼びもしないのに家へ押しかけて来て、ひとつ残らずあたしから盗んだものだよといつか言ってやろうか。ど厚かましい泥棒どもめ、返せ！

母の娘であるあたしの手元にだけは母の匂いのする形見は何もない。あたし以外は。

母の死はあたしの人生を一転させた。

父の再婚

「俺は再婚しようかと思うんだが。どうだ」

母が亡くなり、三ヶ月もしないうちに父があたしに言った。

「なんであたしに聞くの？　したらええやんか」

「いや、それは子供にも了承をもらわないと」

「じゃあ、まず、神戸のお姉ちゃん達に聞けば」

「……。実際にここで一緒に暮らすのは、あんただから」

「あたしは別に……。したかったらすればええやんか」

「そうか。まあ、わたしも年だし、ずっと一人でいる訳にもいかないでしょう」

変に言い訳めいている言葉は父らしくなく、照れ隠しや、遠慮がちな様子に満ちている。まあ普通の感覚はそうだ。むしろ、父にそういう感覚が残っていたことに少々驚いた。

若くて美しいその人は、あたしの母と全く違った。朝早く起きて、前の晩に巻いた髪をほどいてセットし、毎朝きちんと自分の顔に化粧を施して、朝食を済ませて、掃除、洗濯を終えると午後は夕食の買い物などに出かけた。毎日決まったことを決まった時間に行う。日曜の朝以外は一日も休まず。あたしは、その人の行う、世間のお母さんがするような「きちんとした女らしいこと、母親らしいこと」に感動していた。若くて、美人で、華があって、スタイルも良くて働き者……と申し分ないように映った。

よくこんな素敵な人が見つかって、うちに来てくれたもんだ、感謝してもいいくらい、さすがパパ！　と無邪気に思うのと同時に、やっぱり父は、男とは、最終的にはこういった妻が欲しかったのだろうか、あたしの母親とは何だったのだろうか、などと冷静に分析する自分もいた。

料理上手なその人は、父との結婚前に、うちでロールキャベツやハンバーグを作って食べさせてくれた。そういう料理は家で食べるものではなく、食べたくなったらレストランに行って食べるものだと思っていたあたしは、食べたいものが家の食卓にのぼったことに大きく感激した。家庭的なことには、とんと縁がなかったのだから。神戸の異母兄姉からすると、父の再々婚には大反対だったが、父は彼女らの意向を全く気に留めていなかった。誰かのために自分の意思を覆すような男ではないし、それが家族だろうと、娘、息子だろうと、自分のやりたい通りにやるのが父だ。子供の気持ちになって考えるとか、子供の立場でものを見るとかは一切ない。それが自分の子供なら尚更。そういう父親だった。

そんな父だから、その人との結婚式にも自分の思惑優先で、神戸の異母兄姉たちを招かなかった。当日、その事実を知ったあたしは、なぜ姉たちや、兄がいないかと問うと、父曰く、結婚式に前の妻の子供です、これは前の前の妻の子供たちですと、四人も五人もずらりと並ばせるのは恥ずかしいからと、にべもなく言い放った。

三十六歳で初婚という新妻との結婚式には、親戚筋への配慮や建前もあっただろうし、理由はその全部だと思う。結局、本当は誰の強い意思で招かなかったのかは定かではないが、父の結婚式に招かれなかった異母兄姉たちは未だに恨んでいる。

父は、父親だが、男でもあるのだなと理解できると、恨みも何もないのだが。「男だからしょうがないわねえ」って女の人の言葉だと思う。逆の言葉もまた然り。

いくつかの言葉を思い浮かべ、並べ立てて悶々と悩むより、「男だから仕方ない、女だから仕方ない」の一言って、説得も納得も、自分のことも、相手のことも丸く納められる唯一の言葉だと考える。

あたしは母の死を経験……とほぼ同時期に中学校へと入学をし、初めての夏休みを味わうところで、父や、その新妻、彼らのことはあまり意識しないようにしていた。新しい環境に、毎日浮わついた気分で過ごしていた。さらに、おあつらえ向きにも通っていた中学校は心斎橋の西側に位置する通称アメリカ村という若者の聖地に存在した。アメリカ村はアメ村の略称で親しまれ、現在、南中学校跡地はＢＩＧ　ＳＴＥＰという大阪市の商業施設となっている。

大人と同じ意識で混じり合っていたい。そんな、大人の仲間入りを感じさせる中学生生活を始めたばかりの頃。とにもかくにも父の結婚式が済み、いよいよ父とその人とあたしの本格的な三人の同居が始まりを告げた。

怖い母も死に、無関心な父が後妻を迎えて尚更あたしを見ようとはしなくなり、中学生に成長したあたしの行動範囲と交友関係はぐっと広がった。

十三歳。初めてミナミのディスコに行ったのは、何がきっかけだったか、あまり記憶にないが、そこには二つ上の徳田先輩という、かなり美形な女性の先輩に一緒に連れて行ってもらったのが初めてだったような気がする。

安全地帯、石原真理子。ファッションはＤＣブランドから緩やかにイタリアンブランドに移行し始め、それらが流行りだしたころだ。ミナミのディスコでは、スロータイムにＤＪが安全地帯の『ワインレッドの心』や小林明子の『恋におちて』、杏里の『オリビアを聴きながら』を流していた。眉毛は太く、ウエーブでもストレートでもワンレンが主流。あたしもギャルソンやピンクハウス、ヨウジ、ニコルという個性的なものから、JUNKO SHIMADA、ノーマカマリやヴェルサーチ、レ・コパンのような、より女を意識するラインの服になんとなくシフトチェンジして行った。夜遊びは、実に楽しかった。

毎朝父は、七時になると犬の散歩のためにあたしの部屋へやって来る。犬のゲージがあたしの部屋にあるためだ。だから、絶対に朝七時までには戻らないといけない。彼らの毎日は、何時に起きて、何時にお風呂に入って、何時に寝る、と判で押したように規則正しい。

新しいお母さんは、うちに引っ越してくるなり先手をうってきた。

「とんこちゃん、悪いんだけど、もうこれからお父さんとわたしが起きている間は三階に上がってこないでね」

三階に上がって来るなと言うことは、ご飯を食べるなと言うこと？　と考えた瞬間、

「朝は、わたしとお父さんは朝ご飯が済んだら二度寝するから、その間に上がってきて何か食べて行って。お弁当はちゃんと用意しておきますから」

夜はどうしよう、と思ったらすかさず、

「夜は、私たちが寝室に入ったらダイニングへどうぞ。戸棚に冷やご飯があるから食べるように

して」と言った。

夕方学校から帰るとお腹が空く。以前は留守がちな父が、夕食のお金を欠かさず置いておいてくれて何の不足もなく、空腹を我慢することもなかったのだけれど。育ち盛りの中学生が空腹を我慢するのはキツかったな。なにしろ、三階から焼き魚やら何やら、父と継母の食べるおかずのいい匂いが台所下のあたしの部屋にやってくるのだから！

おなかがすいたなあ。おなかすいたおなかすいたおなかすいた……。

頭のなかでぐるぐるまわる。毎晩自室の壁にもたれかかり膝を抱えて空腹に耐えた。パパと、お継母《かあ》さんが寝室へ移動するまでの我慢、と一晩のうちに何十回も自分に言いきかせた。

水も飲めない状況だったが、とにかく耐えた。父と、あの人が寝室へ移動するまでの我慢や！

何度も廊下へでて、三階の電灯を確認する。あかん。まだ電気が点いてるわ。テレビ視てるやん。早く寝て！

家に居る頃は、毎晩お腹が空いて死ぬかと思った。ふと、パパはこのことを知っているのだろうか、一体パパはどう思っているんだろうかと考えた。同時に憤りも頭を過ったが、どうせ、知っていても知らんふりするから同じだなとすぐに気付いた。父は、あたしから視線をそらし、見て見ぬ振りをして避け、あたしという問題から逃げた。

灯りが消えたのを確認するとそろりそろり階段を昇る。爪先立ちで静かに、静かに。別に、気配を消せとは言われなかったが、自主的に存在を消すように心がけていた。真っ暗闇の中、月明かりに目が慣れてくると、手探りでキッチンのガラス戸をそおっと開ける。キリキリ。ちぇっ、音が鳴りやがった。冷や汗が噴き出る思いで、シチュー皿に山盛りになった冷やご飯を片手に持ち、リビングのドアノブを二分くらいかけて回し、息を詰めてドアを閉め、再び抜き足差し足忍び足で階段を二階に降りる。おかずは覚えてないなあ。冷やご飯に、たまにあれば冷たいお味噌汁をさっとかけたり、冷蔵庫を開けてみて、食べても問題が無さそうな、かまぼこだったりとか、マヨネーズをかけたりして食べた。ちゃあちゃんがうちに泥棒しに来ていた日は、肉じゃがなんかがあったように思う。大切に自分の部屋に運び、飢えた野良犬のように貪り食べた記憶だけが鮮明に残っている。

三つ子の魂百までかな。この飽食の時代、食べ物が二十四時間いつでも手に入れられると分かっていても、あたしにはどこか、家の中に食べ物を蓄えておかないと、という強迫観念めいたものがあると指摘されるのは、きっとこの頃の飢えのせいかも知れない。

学校は街中にあり、逆に人の目が多いせいか、目立って悪い子は少なかった。すぐに港の方から転校してきたアッコという子と仲良くなった。アッコと兄貴は、母親の再婚でお父さんと妹と弟ができ、再婚を機にあたしたちの地区へ越してきたのだった。アッコのお母さんは宗右衛門《そうえもん》町《ちょう》でクラブのママをしていて、新しいお父さんは同業者という家庭だった。

あたしたちはお互いの身の上話をどちらからともなく話し合った。空腹の話をしたら、タバコを勧めてくれた。空腹に耐えるのにはこれは良いと思った。


ある日、学校から帰るとあたしの部屋で飼っている犬のチルがいない。

どうして……父に問う。

「チルはねえ、わたしの友達の岡田さんに貰ってもらったよ。チルは岡田さんに懐いていたし、チルもその方が幸せだから」

ひどい！　あたしに懐いていなかったとはいえ、母があたしのためにと飼ってくれた犬なのに。それに、嫌々でもあたしの相手をしてくれたし、あんまり泣いていたら知らん顔できなくなったのか、横目でチラッとあたしを見て、渋々だろうけど時々は顔を舐めて慰めてくれた。この家で唯一、かろうじてあたしの味方なのに。それにチルは、母と初めて打ち解けたきっかけになった、あたしにとっては貴重な、小さな小さな良い思い出の犬なのに。

「いやあミッチがね、犬の毛が抜けて体に良くないと言うんだよ」

にやけ顔で父が言う。

「ミッチ？　誰？」

「うちのミッチじゃないか」

なるほど、そういうことか。

二日間泣きつくした。だけど父に抗議するのはやめた。これ以上なにを言っても意味がない。六十前の男が、前妻の娘に新妻のことを呼ぶのにミッチが……と、そう言った時点であきらめた。

諍《いさか》いを聞くのが嫌で、夜の外出が増えた。街は、あたしに優しくしてくれ、ネオンの光は暗い気持ちを洗い流してくれるようだった。家では居場所のないあたしだが、街でのあたしは歓迎されるものになっていくのを実感していた。

ディスコではいっぱしの顔になり、あたしが来ているかどうか常連客たちからお店に電話があるようになった頃、どのお店にもフリーで入れてもらえて、すべてＶＩＰ待遇だった。

ひとたびディスコに入れば、案内された席に到着するまでにみんなが声をかけてきた。

「マリカ〜後でこっち来て座って！　一緒に飲も」

「あっマリカやん。今来たん？　外にご飯食べに行こ」

「マリカ〜」

ディスコに行けば食べることができたし、嫌なことも忘れられて、淋しくなかった。ディスコでは十代でも十七歳とか、高校生はたまにいたが、十三歳と一番年が若くて物珍しかったし、可愛いと言ってもらえたし、チヤホヤされて嬉しかった。誰もがあたしに注目し、興味を持ち、関心を引きたがった。みんなのオモチャで、アイドルだった。大人達が競うようにあたしのご機嫌をとりにきたし、また、対等以上に扱われるのが気持ちよかった。実際には相当に悲惨な立場の子供だったが、こうしてなんとか栄養は摂れていた。毎晩、家を抜け出すまではヒヤヒヤだが、一歩家を出ると途端に楽に息ができるような解放感を得た。

ネオンを浴びると人があたしを見る。

ネオンの光はあたしにとってスポットライトで、太陽の光よりも輝かせてくれた。太陽は嘘つきで、あたしに何もしてくれなかった。太陽はなんだか押し付けがましくて、偽善っぽい気がしていた。今も薄曇りの優しい光のほうが安心させてくれて好き。

昼間は誰にも気がねなく学校をサボり、当時ブレイクしていたローラーディスコ場に、何をするでもなく、たまに一人で通っていた。平日の昼間のローラーディスコは空いていたが、時々あたしのように一人でやってくる女の子がもう一人いた。長身で、色白で、さらっさらのワンレンの茶髪に茶色の瞳。ヨウジやニコルをセンスよく着て長い髪をなびかせ、ミラーボールの回転する薄暗いローラースケート場をひときわ輝かせていた女の子。

どちらからともなく近づき、仲良くなった。その子は多恵子といい、住之江から梅田まで来ているのだと言って八重歯を見せて笑った。これが多恵ちゃんとの出会いだった。多恵ちゃんのお父さんは広域暴力団の下部組織の親分で、お母さんは一年前に蒸発したという。お父さんは再婚で、前妻との間に一男一女がいて、多恵ちゃんの異母兄姉になる。兄姉は別に住んでいて、多恵ちゃんはお父さんと妹と一緒に暮らしていた。いなくなったお母さんの代わりに、多恵ちゃんが妹の世話をしているといった。学校は割合マジメに行っているが、ごくたまに平日サボってやって来るという。私たちはお互いの匂いを察知し合った。

若い衆が指先を刃物で切り落とすやり方なんぞを教えてもらったりするうちに仲良くなり、時々会うようになって、うちにも遊びに来たりしたし、あたしも行ったりした。多恵ちゃんとは、それ以来、数々の苦難の中にあって強く結ばれ、あたしたちの深い友情は八年間続いた。あたしが二十一歳で彼女が二十三歳の時、二人で行ったニューヨーク・マンハッタンで、新聞に取沙汰されるような事件に巻き込まれ、ほうほうの体で日本へ戻った三日後に彼女が自殺をしてしまうその日まで。

家出勧告

街中で過ごすうちに、お店の関係者とも親しくなるから、時おり小さなお願いごともされた。

「あの席にいる人達が、ぜひ一緒にシャンパンが飲みたいと言ってるから、少しだけ付き合ってあげて」

一世を風靡した「パトーナ」の店長だった福ちゃんは、たまにあたしを寮に泊めてくれたり、行く所がない時は、幾らかくれて、ホテルを取ってくれたりしていた人だった。

単純にお姫様あつかいされるのが心地よい気がして、「ええで。ここに呼んであげたら」といったようなことを繰り返して、友達が増え続けていった。

実は、求められ、関心を持たれたかったのはあたしの方だった。全くそれに飢えていた。まがいものでも、一瞬でも優しくされたら、自分も誰かに愛される存在のような気がするじゃないですか。

そうやって、男の子や男の人と色っぽい会話や、バカ話をしているその合間にも、ＶＩＰルームの電話にはあたし宛のものがひっきりなしにかかってきた。フロアで踊っている時に電話があると、ＤＪにアナウンスされることもしばしばだった。

街では狂った遊びを満喫してスター気分を充分に味わっていたが、日が暮れて、人目を憚って自宅に帰ると、それは始まった。

「近所の人に何て思われているか！　きっと、わたしが来たから、とんこちゃんがどんどん悪くなっていった、わたしが来たせいだって。毎晩出かけて朝まで帰らないのは家にいるのが辛いからだろうって。きっと、そう言って噂されているのよ。わたしがこのうちに来たからとんこちゃんがおかしくなったって、これからもずっと近所の人がみんな冷たい視線でわたしを見るのよ。とんこちゃんがこの家にいる限り」

喚き、泣く声。

延々と続き、聞き役の父がしばらく黙って聞いた後に、ようやく何かひとこと、ふたことボソボソ言うと、やっと継母のヒステリーは治まった。

階上からいつものように漏れ聞こえてくる垂れ流しを聞きながら、あたしは煙草の先にゆっくりと火を点けた。

（まったくその通りやんか。全部ほんまのことやん。へえ〜世間の人っていうのはやっぱりよく見て分かってるもんだ。あの人、自覚してるんやんか）なんて嘲笑《わら》っていたら、父が降りて来てあたしの部屋のドアを叩いた。

この人達は、あたしの部屋には自分の用件だけしか告げにこない。さて、また一体、今回は何を告げに来たのか。

「あのね、あんたも、もうこの家にいるよりは外に居て、友達といるほうが楽しいんじゃないの？

実は、ミッチは妊娠しているんだ。おまえがいると腹の子が心配だ。どこか、友達の所でもどこへでも行ったらどうだ。もう、この家から出て行ってくれ」

はじめ、父が何を言っているのか分からなかったが、頭を下げられたのがショックで、途端に感情が透明になり、冴えた。おまけに妊娠？　そんな事になってたんかいな。何ヶ月も見てないから知らんかったわ。霞が晴れたというか、腹立つとか呆れるとかなくて、あまりの薄情さと勝手さにすっかり感心していた。そういうことか。

話の内容から、近くにアパートでも借りるかなどと言うつもりかなと話の途中から想像したが違った。よく考えると、なるほどな、そんなことをしたら余計に世間体が悪くなるわけだし、つまりは自分たちが悪者にならぬように体裁を保たなければならないわけで、尚且つ、不良のあたしが勝手に家出をしたという筋書きで、一円のカネも使わずにあたしを追い出したいのだ。父は完全にあの女の言いなりで、策に落ちてしまっていた。あたしは、

「わかった。実の父親から、たった一人の肉親から何も言わずに出て行ってくれと頭を下げられてしまったら、出て行くしかないわ」

あっさり引き受けてやった。すると父は、

「友達のところ、行くあてはあるのかい」

だって。この期に及んで何をしゃらくさい。らしくないこと言うな。たった今、十三歳の娘に、どこなと一人で行けと言うた口で。

「そんなことを聞いて何か意味あんの。パパの良心の呵責を軽くするために、あたしから、まだ

これ以上何を言ってもらって安心したいというわけ?」

そう返事すると、父は黙って俯き、あたしから視線を外した。こんな父は初めてだった。すごく腹立たしかった。この人はもうあたしの父ではない。こぢんまりしやがって。老いに負けるというのは、こんなにも人を弱らせ、腐らせるものなのだな。心配せんでも出て行ったるわ。

「でもな、悪いけど今すぐは無理やわ。近々出て行くから

「わかった……」

情けない声を出してみっともない。こんな人と違ったのに、情けないのはこっちじゃ。おかげで今夜の涙は赤いわ。

偉そうに言ったものの、どこへ行ったらよいものか。しかし、実の父にそうまで言われて、あたしにプライドが芽生えた。強い風に吹きつけられれば消え入りそうな小さな小さなプライドだが。

今までは、針の筵《むしろ》のようなところでも、制度として、また一般常識として、未成年は親元での最低限の生活を保障され、保護される権利を持っていると思っていた。それまでの家出は帰りたくなれば戻れる場所があった上でのことで、今回は、気まぐれに数日友達の家を転々とするのとは訳が違う。

いま父は、十三歳の娘のあたしに対し、はっきり、保護責任を負わないと宣言したのだから。

新しい妻、新しい子供、新しい家庭、新しい家族だけでやりたいわけで、あたしのことは、なかったことにしたいわけだ。

自分達の生活空間に立ち入る事を禁じ、お風呂も儘ならず、継母が入浴を終えるとあたしのお風呂が許可されていたが、待ちに待ったお風呂場へ行くと、お湯が全部抜いてあった。寒い夜に冷えきったお風呂場で声を殺して泣いた。惨めで、悔しくて、淋しかった。あたしはますます夜の街に助けを求めて入り浸るようになった。継母はそれを口実に、父に、あたしの素行が悪いせいで近所から嫌われていると責めたてて泣きついた。このままあたしがいたら、とてもじゃないがこの家で子供を生み、育てることはできないと訴えて、駆け引きをしたのだ。

父を奪い、チルを取り上げ、ストレス性の皮膚疾患を発症させるまで虐め抜き、それでも飽き足らず、独りぼっちになったあたしから最終的に取り上げたのは、あたしの母が唯一遺してくれた家（居場所）だった。継母はあたしを追い出した後、家を売った。どちらにしても父が生きている間に家を売るつもりだったのだ。

もし父があの家で亡くなったとしたら、どう転んでも法律に則《のっと》ってあたしに相続を分配せざるを得ない。相続となると、家などを処分して全て現金化したいという彼女の思惑も難航するだろう。異母兄姉らも、あたしも反対するからだ。父は高齢だ。何事も早いうちに進めなければならなかったのだろう。後で判明したことだが、一番恐ろしかったのは、父の生前に生命保険金を何度かに分けて仮払いさせていたことだ。

とことんまでこだわり、一切妥協しなかった姿勢に、初めから自分以外の誰にも、結婚した夫の連れ子になど一銭も相続させるつもりなどないという強い意志を感じる。そして、父が亡くなり、何もかもがうやむやになり、すべて彼女の思い通りになった。母が亡くなって、韓国から異父兄姉が、母の自筆の遺言書とやらを携え家に来て、財産のほとんどを引き上げていかれた時、やはり母は、あたしのことだけは何一つ考えてくれていなかったんだなあと思った。あたしだけ、遺言も何もないのか。あたしの将来などどうでもよいのだろうか。母にとったら韓国の息子だけが、娘だけが自分の負い目で、心配事だったのか。そもそもあたしなど生むつもりもなかったような子種だと言われていたし、結局あたしは、生みの母に生きている時と死んだあと、二度捨てられたと感じた。あたしは、生みの母にさえ、死に際に気にもかけてもらえない子なのだ。母の遺言には、あたしにはなに一つ残すとは書き記されていなかった。

母にとって一番幼子のはずのあたしは、いまわの際にさえ思いだしてもらえることもなく、そのあとたった一人の頼りの父にも捨てられた。

家も、保険も、宝石も絵画も、全て所有者の名義が勝手に書き換えられていて、目に見える何もかもが奪われた。あたしは無力だった。無力を前に、大人達が我欲を優先し、みんなで寄ってたかってあたしの人生をめちゃめちゃにした。しわ寄せは、いつでも一番力のない者に来る。

母からの、父からの、あたしの権利はそのつど誰かが奪っていき、あたしには何一つ残らなかった。母は、大阪の家だけは異母兄姉への遺言に記さず、遺していたが、しかし、その家さえとうとう奪われてしまった。あたしの母が買ったあたしのうちなのに、たったひとつだけのあたしの権利なのに、父は十四歳にもならないあたしを身一つで追い出して、新しい妻に、母が遺した家をもあげてしまった。それと同時に、いよいよあたしの居場所はなくなった。

一体あたしがあなた達に、ここまでされなきゃならない事を何かしましたでしょうか？　頭の中で、何度も何度も問いただしてみた。理由はない。ただあたしが邪魔になっただけだった。あたしには最初から親などいなかった。きっと生まれる前からいなかった。幼いながらに言葉を呑み込み、心の中で、母にむかって、父にむかって叫んできた言葉は少なくはないが、その全ては、なぜあたしを生んだんだということに尽きる。どちらにもいらない子にされ、どちらもあたしを軽々と捨てた。こんなふうに捨てるなら、なぜ生んだんだと、彼らが生きてる間も、死んだ後も、ひとりぼっちの部屋で両親に対し、心の中だけで叫んだ。

「もうわかった。あたしはもうこの家から出て行く。ただし、金輪際、パパから一銭のお金も貰わへんから」

「……そうしなさい」

そう告げるなり、父が安堵の表情をしたのを見逃さなかった。よく解った。もうええわ。二度と戻ってくるか、こんなとこ！ 情けなくって涙も出なかった。

そしていよいよ無一文からの（正確には八百円所持）、あたしのたった一人のロング＆ワインディングロードな旅が始まった。

唯一の居場所は喪失した。あたしは厄介者で、地球上に居るたった一人の肉親にさえ追い出されようとしているのだ。

あたしさえいなくなれば父は幸福になれる。あたし同様に、あたしの母からは妻のいる温かい家庭生活を与えられていなかっただろう父。あたしの母のせいで色々大変だったと嘆いていた父。あたしの母が残したあたしという置き土産のせいで、これ以上父が幸せを失ってはならない。父は自分の幸せのために、今あたしに出て行ってもらいたがっている。老いた父が老後を不安なく幸福に過ごしたいと望むのも分かる気がした。そのためにはあたしが邪魔なのだ。

夜の街、とりわけディスコでは人気者でも、たった一人の肉親からは存在の消滅を希望されている悲惨なあたし。

行く宛などない。

しかし、家に居てはいけないのだから、これでいいのだ。頼れる人も、信用できる大人も居ないのは今までと同じ。

さあ、いまから浮浪児だ。

浮浪児？　と言っていいのか。

十三歳。中学生なら何と言う？

深夜、小さなバッグにわずかな荷物を詰め、母の病室を見舞った時に着ていたコートに腕を通した。やけにコートの裏地が冷たく感じた。いつものように、静かに、音をたてないように気を付けて、そっと家を後にした。そしてその夜、あたしは、夜が明けきるまで繁華街をさまよい続けた。月が沈み、街からネオンの灯が次々と消えていく。やがて朝がやって来て、止まり木のないあたしには歓迎できない朝の光が街の隅々まで照らすだろう。まったく明日が見えない状況に、このままずっと夜でいてほしいと願った。仕事帰りかはたまた享楽を謳歌した後か、疲れた様子のホストやホステスが通りを行き過ぎてゆく。誰もが家路に向かう足取りで、そこに迷いはない。見上げると、藍色のグラデーションがどこまでも続く広い空。薄汚れた繁華街のアスファルトを、ひんやり照らし始める冷たい太陽に向かい、あてもなく歩き続けた。この時あたしは、何ごとでもないようにあっさり、速やかに抹殺されてしまったことに気が付いた。これは、ずっと前から父と継母の二人が念入りに計画していたことのように思えてならなかった。近所の人にも、学校にも、あたしが勝手にいなくなったということにされるのだろう。あたしの存在を上手に消した後で、近所とどんな会話が交わされるのだろうか。家を出て一昼夜、冷えきった頭でそんなことばかり思いめぐらせていた。ボタンひとつで簡単に消され、静かに葬り去られる人間の気分を十分に味わった。

ストリート・チルドレン生活

「お寿司食べに行かへんか」

どうしよう。

「大丈夫や。心配せんでええ。さっきからずっとそこに座ってるやんか。二時間ほど前に通った時も、そこにいてたがな」

どうしよう……お腹空いたなあ。でもなあ……。

「寿司はいやか。ほんなら焼き肉でも食べるか。ほら、食べさせたるから車に乗り。お腹が空いたんやろう」

焼き肉！　お肉やて。お肉なんていつ食べたっけ。とりあえず、なんか食べさせてくれるみたいやけどなあ。でも、ついて行って大丈夫かなあ。

うーーん……焼き肉の香ばしい香りが脳裏を過った。そして、焼き肉のタレの味が遠い記憶から甦ってきた。

いざという時は逃げたらええか。

二日ほどまともに食べていなかったし、お腹が空いていたので声をかけてきた男の親切な言葉に甘え、車に乗った。すると、男はなぜか高速道路に入り、車はどんどん海の方へと向かって行く。

「なんで高速に入るん？」

あたしは心に冷や汗をかきながら男のほうを向いて訊いた。男が何を考えているかを表情から読み取ろうとしたのだった。しかし、ごつごつした大きな手でハンドルを握る男は、にやにやするだけで答えない。夕刻、車の向かう方向には林立するラブホテルのネオンが毒々しく煌《きら》めいている。よく見ると、男の袖口からは入れ墨のようなものがのぞき、足下には拳銃らしきものも見える。真夏の長袖だし、シャブの話も始まった。

あかん、間違えた。このままではヤバい。

あたしは怖くなった。こんな男に自由にされるのはまっぴらごめんだった。そして、乗り継ぎの料金所で男が追加の高速料金を支払い、料金所を通過しようと車を急発進させたところで素早く決心した。

逃げるなら、もうここしかない！

ロックを外して助手席から飛び降りてやった。無我夢中で後ろなど見もしなかった。転げ落ちてから、「神様お願いします！　助けて下さい。死にたくないです」と頭の中で唱えていた。でも、もしこの時に運悪く、後ろからトラックでもダンプでもきていたら、あたしはここに居なかったと思うな。

目を凝らして全速力で逆走し、前から走行して来た車のヘッドライトが近づいてくると立ち止まり、すぐさま端の縁石に飛び乗った。万が一、轢かれたりしないようにするため、両手を大きく上げて認知してもらうことしかできなかった。すごいスピードで乗用車やトラックがあたしの真横を通り過ぎて行く。ライトが眩しいのもあるが、怖くてとても目を開けていられなかったな。ひやひやしながら息をひそめ、コンクリートのひんやりした壁に頬を寄せ、手の平をぴったりとつけ、身体を硬直させながら目をぎゅうっと閉じた。車が通り過ぎる間は怖くて怖くて、心臓が止まりそうで、祈るような気持ちで、ただひたすら車が通り過ぎるのを待った。女の子が一人で高速道路をランニングで逆行しているのだから、振り返って怪訝そうに見る運転手もいたが、高速道路では急停止できないわけで、どんどん通り過ぎてくれるのが、かえって気が楽だった。何度も後ろを振り返り、追っ手が来ないかも確認した。ようやく命からがら、高速から一般道に降りることができた。

ほっとしたのはいいが、次に襲って来たのは恐ろしいほどの空腹感だった。何十キロも歩いてきたせいで、お腹が空いて仕方がないので、とりあえずコンビニに入ってみた。お金がないので何か盗むしかないと考えたが、言うまでもなく万引きは悪いことだ。そんなの誰だって知っている。しかし、ポケットには五十円玉と十円玉が一枚ずつ。これで何が買えるだろう。

ああ、ひとつだけ買えるものがあった。ガムだ。何千種類もの商品が並ぶコンビニの品物で、今のあたしの所持金で、ただひとつだけ買えるもの。ガム一個。でも、ガムをひとつ買ってもこのひもじさが紛れるとは思えない。だけど何か食べておかないともたない。迷う。空腹で気が遠くなった。よし、もうパンを盗むしかない。だが何も買わないで盗むのは気が引けたので、ガムを買う代わりにパンを盗もう。それで、パンは盗むが、なけなしの全財産六十円でガムを買うことをせめてもの罪滅ぼしとして、自己弁護にした。何も買わずに出ていくよりも、何か買ったほうが店員に怪しまれないのではないか、という打算的な考えもあったように思う。心の中で亡くなった母に、「ごめんなさい、言い訳です」と祈るように懺悔した。

ストリート・チルドレンの間、行くところも、食べるものも、何もすることがない時は、一人、本町橋《ほんまちばし》の欄干の上にいつまでも腰掛けていた。お金のないあたしには、行く所がないということは、即ち、食べものにありつけないということだったから、そんな時は日が暮れるのを待つしかなかった。夜になれば街に誰かいる。

このころ本当にお腹が空き過ぎて、生命の危機を感じた時にひらめいたのが、オートロックのないハイツやアパートや団地に忍び込むことだった。行き当たりばったりで、ありとあらゆる場所を手当たり次第に、獲物を探す獣のように歩きまわった。入れそうな建物が見つかったら、まず、一旦その建物の一番上までエレベーターで昇ってから、一階ずつ階段で降りて見て回る。そして、探すのだ。食料を。

当時はまだオートロックの建物がそれほど普及してはおらず、日本人のマナー意識や衛生観念も今ほどではなくて、出前の食べ残しをそのままの状態で玄関先に放置している部屋が多数あったのだ。あたしは、その、誰のものとも知らない残飯を食べて生き延びた。好物の中華丼とか、マーボー丼にあたると良い日だなと思い、鶏の唐揚げを発見したときは、神様や仏様に感謝したりした。この世に鶏の唐揚げを捨てる人がいるなんて！　こんなおいしいものを！　世の中ぜったい間違ってるわ。唐揚げ残すってどんな人間や。とまで思ったりもした。反対に、立て続けに汁物ばかりにあたった日は、そこの住人を心から軽蔑した。冷たいお汁の中に麺が残っていないか探したが、麺はなかなか残ってはいなかった。なんやねん、麺を残さず食べるなら汁くらい捨てろ、だらしないやつやな。汁だけ残してどうすんねんな。というような、わけの分からない怒りを蓄えたりもした。

ストリート・チルドレンになって最初の頃は、寝る場所がないのが本当に困った。女の子だし、公園で寝るのは怖いので、そんな時は工事中のビルを探して中に入った。ある時、ちょうど手ごろな工事中のビルが見つかり、足下の悪いところを、月明かりを頼りに八階くらいまで頑張って上がった。それから、コンクリートと鉄骨で骨組みされたところに横たわり、体を丸め両膝を顎につけて眠った。

最初は怖かったが、何度かやっていたら慣れてきた。夜が明けても気づかず、眠りこんでいたこともある。ある時など、工事現場のおじさんに起こされた。当然、ものすごく怒られたが、あの様子では見つけたおじさんも相当ビビっていたに違いない。あの驚きようは、殺人現場で死体を発見したとでも思ったんじゃないかな。

ともあれあたしは寝過ごしてしまって、作業員のおじさんに見つかり、せっかく見つけた安住の寝床を去らねばならなくなった。おじさんに連れられて仕方なく、工事現場の八階の寝床から一階まで降りた。白いカバーをくぐり、昨夜も歩いた砂利道を、不安定なハイヒールで、おじさんたちが朝礼している合間を、なるべく音をたてないよう背中を丸め、小さくなって歩いた。おじさんたちの視線を体いっぱい感じたが、恥ずかしくて下を向いていたから、見られていたかどうかは分からない。ただ、たぶんあたしがおじさんだったら、これでもかというくらいじろじろ見て、怒りをぶつけただろうな。

その工事現場は、すぐに夜間完全封鎖されてしまった。おじさんたちは、ホームレス少女を追い出すのに成功した。このおかげで、しばらく寝るところがなくて本当に困った。

これは一九八四年、十三歳のときのこと。

第二章

「鑑別所に行ってこい」

「アクティブ」から逃れる

いつもなんだかんだ面倒を見てくれる「パトーナ」の福ちゃんから、

「マリカを紹介してほしいというミナミのスカウトがおんねん。うちの階上にあるクラブの人がな、うちでマリカを見て、ぜひ紹介して欲しいと頭を下げられちゃってさ、支度金も出すって言うてるし、バンス（前借り）もオッケーらしいから、明日にでもこの番号にかけてやってほしいねんな。まあ会うだけでもいいし。頼むわ、よろしく」

と、以前にお願いされていた。

何人かの親切を受け、そこに連絡を入れたのはそれからほどなくのことだった。

「ありがとうございます。クラブ『アクティブ』でございます」

でた！（当たり前だ）

「あの、あたし、マリカといいます」

「少々お待ちください」

「もしもし、お電話かわりました。いやあマリカさん、ご連絡待っていましたよ」

「はい……そうですか。あのう、ちょっと色々あって……それで連絡が遅れてすみません」

「いえいえ。それよりもなにかお困りでしたら、お役に立てるかも知れませんよ」

当時、ディスコで仲の良かった二十八歳の理香に保証人になってもらい、「アクティブ」からバンスをすることにした。家賃は理香と折半で同意した。理香は尼崎の実家から大阪に通っていたので、時折、泊まるのに都合がよかったのだと思う。あたしは子供で、部屋を借りる契約は出来ないから、お店の黒服が名義人になった。

そしてミナミのクラブ「アクティブ」から二百万円のバンスをして本町橋に3LDKの部屋を借りた。こんな大金を借金してしまって大丈夫だろうか？　一抹の不安を覚えたけれど、何よりあたしは疲れ果てていた。毎晩のように泊まるところを探したり、食べものを探すことに。自分の居場所。初めて手にした自分の家の鍵……。

鍵を手に入れて、布団を一組と、リビングラグや水回りのものを買い求め、自分の好きなように部屋を飾った。追い出されたり、出ていかなくても済むところ。目が覚めたらいつまでもいてよい部屋。部屋を借りることができたなんて本当に良かった。もうこれで工事現場に忍び込んで寝なくていいと思うとホッとした。

理香は北新地の高級クラブに勤めていたが、そう熱心なホステスではない。あたし達は仕事にも行かずに遊び歩いていた。理香はともかく、あたしはアクティブからバンスをしている身の上なのに、お店に行かなくなってしまった。

お店には、あたしを紹介した福ちゃんと仲が良い女の子がいて、席につくと意地悪ばかりしてくるのだ。たぶん焼きもちを妬いているんだろうな。露骨な意地悪にお客さんも完全に引いている。不快だったが、やり返さなかった。わざわざ面倒な女に関わり合いたくないなと思ったからだ。

バンスというのは前借りで、そのお店で働くのが条件だ。働かないなら前借りを清算せねばなるまい。できないなら、嫌でもそこで、借金が無くなるまで働くしかない。それが大人の世界のルールだ。しかし十三歳のあたしにそんな常識はなく、ただ、行きたくなくなった。

欠勤が続き、すぐにお店の人がマンションまで訪ねて来たが、オートロックなので入ってこれないでいた。

あるとき、出先から戻ると、玄関先に男物の靴があった。誰かいる！　と勘づいたと同時にとっさにその場所から逃げ出した。男達は「こら、待て！」と言って追いかけて来た。

ちょうど止まっていたエレベーターに飛び乗って、一階のボタンと「閉」のボタンを指で何度も叩いた。

早く閉まれ早く閉まれ早く閉まれ……。

はやくはやくはやく……。

遊園地の遊具で、急降下するような感覚がヒヤヒヤと相まって背筋から足元がぞわぞわした。

階段の方が早かったらどうしよう。

祈るような気持ちで、エレベーターが一階に着くと、まだ追っ手は到着しておらず、姿は見えなかった。ダッシュで近くのビル工事現場に逃げ込み、窓越しにあたしの部屋の様子を観察する。

小さな灯りと、ときどき人が動く気配。

明日は日曜だから、そのうち帰るだろうと、長期戦に備え久しぶりに冷たいコンクリートの上に身を横たえた。日曜の朝になったら一旦は帰るだろう。その隙に荷物を取りに一瞬だけ戻ろう。慣れ親しんだコンクリートで寝たのが心地よかったのか、あたしはぐっすり寝入ってしまっていて、気がつくとお昼近くになっていた。借金取りが待ち構えている部屋からは人の気配が消えているように感じた。周囲の様子に注意して、恐る恐るマンションに戻った。

念のため、鍵を静かに回した。昨日の夜はヤバかったわ、なんて考えながら。が、鍵を回した時点でアウトだったのだ。こちらがドアノブを回す前に中からドアが開けられ、何人かの男に取り押さえられた。な、なに、三人もおったんや。部屋の中に引きずり込まれ、あたしの借金の返済について厳しく追及された。彼らは怒鳴ったり、脅したりしてあたしを責め続けた。だが、何を言われてもあたしにアテなどない。父親に泣きつくなんて、そんなこと頭の片隅にもなかったし、思いつきもしなかった。

それから三日間、見張りを交代で、完全に軟禁された。トイレに行くのも、お風呂に入るのも、ドアの前で誰かに見張られた。

三日目に、保証人の理香の住所へ車で向かうこととなり、あたしも同行した。当然、理香は留守ということで、「家の人には『理香が保証人でも、あたし達は関係ありません』と主張された」と、車に戻った黒服の一人が言った。

一旦、本町橋のマンションに戻ると、奴らはあたしをソープに売ろうというような話をした。十三歳、この歳で、そんな苦界に身を沈めるのか。嫌だ。でも、どうしようもない。絶体絶命。

ふと、父の応接間のデスクから持ち出した名刺を思い出し、見せてみた。

「なんでこいつ、こんな大物の名刺を持ってるねん」

ヒソヒソ話になっていた。

あたしが持っていた名刺には金色の菱形のマークに、

〈××組　山〇〇一〉

と記されていた。

この名刺を見て彼らがどんな判断をしたのか分からないが、ソープ行きは変更され、なんと、あたしに意見を求めてきた。他にスカウトされたクラブの関係者に連絡を取って、借金を肩代わりするよう相談しろと促してきた。

別の店に鞍替えかあ。でも、ソープランドよりは軽い刑だ。危機一髪のところで助かった。ヤクザもこんな時は役に立つんやなあなどと感心しながら、「山〇のおっちゃん、おっちゃんは今、幼な気な一人の少女を救ったで」と空に向かい、心の中で言った。

運命の出会い

出会ってしまった。こんな言い方は大袈裟かな。でも出会ってしまったとしか言いようがないのだ。

アクティブの黒服は、喫茶「英國屋」の前に到着すると、「ここにいるからな、話をまとめてこい」とあたしに言いつけた。

あたしはミナミの某老舗クラブの支配人に連絡を取って待ち合わせをしていた。内容は、ほぼ伝えてあった。

ミナミの水商売の人間ならば知らぬ者はいないという堤さんは、黒服の帝王なのだが、非常にもの静かで穏和な人だった。事情を話すと「うちに来てくれるなら借金の肩代わりもバンスも問題ないよ」と心強い言葉をくれた。

少し世間話をして、堤さんが席を立ってトイレに行くやいなや、細長い人形が編み込まれたセーター姿の女の人が声をかけてきた。

「面接中？　あたしにも話をさせて。あとで、『葡萄屋』で待っているから」

確か二万円くらい握らされたと記憶している。

堤さんがトイレから戻ってきて、あたし達は英國屋を出た。挨拶を交わして、喫茶店の玄関前で別れた。アクティブの黒服が、どこからともなく近寄ってきて、「話はまとまったようやな」といやらしく言い放ってきた。店内のどこかに潜んで盗み聞きしていたらしい。

ようやく解放され、自由になれて大きな安堵感があたしを包んだ。そしたら急に人恋しくなり、さっきの女の人のことを思い出した。そして、もらったお金のお礼を言いに行かなくては、と後片付けの言い訳を用意して葡萄屋に向かって行った。

しかし、このあと葡萄屋に行きさえしなければ、あたしの人生も少しは違ったのかな。まあ、たいして違わなかったとは思うけどね。


潤子ママは、その日のうちに、あたしの問題の殆どを解決してくれた。今日からここにいてもいいと言ってくれ、その夜のうちにアクティブに話をつけに行くと言う。

豪華で、清潔な潤子ママの部屋。あたしのために出かけた潤子ママを見送ったあと、初めてお邪魔したうちで何時間か留守番をしながらうとうとしていたらベルが鳴り、電話口の向こうでママがこう言った。

「もう大丈夫。今、アクティブに話をつけて二百万は払って来たし、堤さんにも仁義は通して来たで」

それを聞いたとたんに、めまいがした。

人は、切羽詰まった状態から急に安心を得ると気が遠くなる。

この段階ではとりあえず所有権が変わったというだけで、あたしの立場に何も変わりはないのだが、久々に大人に保護された気分になれた。その日暮らしに違いはないが、拠り所を見つけて少し気持ちが安定した。

いい匂いのシャンプー、清潔なトイレ、ふわふわの寝床、そして温かいご飯。それらを与えてもらえるのなら、なにを引き換えにしても良かった。

潤子ママとの関わりで、心底腹が立ったようなことは今までない。時折邪魔にされようが、お金に細かいことを言い出そうが、苦々しく感じたことはあっても腹が立ったことはないな。大人とは、人間とはそういうものだと知っていたし。でも、一旦自分の口からでた事には全く誠実な人だった。決めたことは変更しない、下品な言葉だけどケツを割らない性格だったからだと思う。約束は守る人で、根のところで信用できた。年々、色んなことに嫉妬深くなったのが問題だったけれど、裏表がなく、いつも本音を言ってくれるので、他の人から見たらキツいようでも、あたしには楽だった。このあと、潤子ママとは本当に色々とあったが、どこか憎みきれない存在だった。お互いに。

潤子ママとの生活で、あたしは多くの影響を受けた。お客さんへの手作り弁当の配達、ホスト遊びのし方、男の人の扱い方、常識から非常識まで、彼女の流儀を学んだ。ママは英語が話せて、美術に明るく、教養もあり、世界中を旅してまわった。船を操舵し、マリファナを好み、ジャズを歌う。およそアジア人の感覚では躊躇しそうな裸同然の格好をするかと思えば、紬の渋い着物をビシッと着たりし、飲み屋で百万円も使ったかと思えば、一万円の使い方に拘った。

知らずに終わった借金返済

潤子ママのお店が完成する頃、二人で大阪市内のとある会社を訪ねることになった。話の流れでは、お店のスポンサーの男性の会社だという。その人は別に決まった彼女がいて、北新地でクラブを経営させていた。潤子ママとは恋人同士というよりビジネスライクな関係に見えた。

雑居ビルの一室にあった社長室に入ると、金色に紫色の袈裟をかけ、頭には西遊記の三蔵法師の頭巾のような物をかぶった男の人が、大きくて立派なデスクに座っていたので面喰らった。坊さんは、寺にいるものだと思っていた。

「ああ、ママ、ちょっと待ってね」

関西弁ではない。

その男の人は、その格好のまま、経営しているラブホテルのティッシュとコンドームの経費がかかり過ぎているのはどういう訳か、と部下に説明と分析を求めていた。

部屋の中を見回すと、コインで作ったお城など、キッチュなアートで溢れていた。

あたしの説明は済んでいるらしく、

「なるほど、確かに上玉だな。だが店はダメだ。目立ちすぎる」

とママに言った。未成年は使えないという意味だ。

「俺はね、伊藤っていうんだ。今は管長って呼ばれてるけどね。もともと川崎のソープランドの出身で、ボーイからここまで這い上がってきた。お客さんからもらうチップを貯めてね、頑張ったよ。よかったらまた俺の話を聞いてくれるかい」

使えないと言ったくせに、あたしに話しかけて近づいてきた。さては、あたしを気に入ったな。

お寺の管長職にある白髪まじりのスラッとした紳士は、あたしのなかで嫌悪の対象にはならなかった。ただ、法衣を着てラブホテルの備品の話をしている姿が異様で、少しばかり怯えた。

「わかりました」

この場合は、わかりましたと言うのが正解だと知っていた。

それから、管長が潤子ママに分厚い封筒を渡して面会は終わった。

この会社訪問の用件は、それだけだったのだ。

数日して、潤子ママから、

「伊藤管長が近くにマンションを買ってあるからそこに住めば、と言ってくれているけど、どうするの、ここからもすぐのとこやし、あんたもそろそろ一人で暮らしなさい」

高圧的ではないが、有無を言わさない感じだ。

「わかった」

それからすぐ管長の会社にマンションの部屋の鍵を取りに行き、二人でホテルプラザで天ぷらを食べた。あたしは早熟ではあったが、まだ子供だったし、積極的にセックスを楽しめるほどではなかった。それでも管長はあたしを腕に抱き、自分の苦労話をしてくれた。

部屋の中を走り回ったり、追いかけっこをしたりして笑って過ごした。初めての日だけ朝までいて、マンションの鍵と引っ越し祝いのお金を貰って、潤子ママのマンションへ帰った。ママは何も訊かなかった。それから一緒に部屋を見に行った。

外壁の煉瓦が素敵で、吹き抜けや、ロビーには植え込みがあり、ホテルのようなエントランス・ホールのある豪奢なマンションをひと目見て気持ちは躍った。

へえ、あたし、これからここに住むんだ。部屋にはベッドやドレッサーが既に備えられており、電話機も用意されて、回線も引いてあった。

未成年でまだ働けないというし、仕方がないのでまたブラブラして毎日を過ごしていた。昼間は潤子ママのお使いに行き、夜はディスコに行って食べたり飲んだりして遊んだ。

管長のことは嫌いではなかったが、部屋に来られるのは断固拒否した。いつもいきなり電話してきて、今から行っていいかと訊いてくる。あたしは決まって、「部屋に来られるのは嫌や」と断った。どんな部屋か見に行くだけだよ。十分で帰るから、とも言ってきて、それは本気だったかも知れないが、許可しなかった。

それなのに管長の会社までお小遣い（というか、あたしの場合は主に食費）だけを取りに行って、その後のランチを断ったりした。

あたしは冷たかったかも知れないが、だって、あたしは彼の愛人でも恋人でもなく、ただの遊び友達なんだから。あたしに甘えてくるのはお門違いだ！　と思うようにしていた。男友達を会社の下に待たせてお金を取りに行ったこともあったな。そして、部屋に来たいという要求を何回か拒否したら、とうとう管長が怒ってしまった。あたりまえか。相手にしてみたら、そのためにマンションを用意し、住まわせているつもりなのだから。それでもあたしは違うと思っていた。管長から部屋は借りているが、部屋に入れるような関係ではないと感じていた。別に、他に男関係があった訳ではない。この中途半端な部屋に入れてしまったら、ほんまにただのオモチャになるやんか。そう感じていた。管長が、あたしに惹かれてきているのは解っていたから余計に拒否したかったんだと思う。潤子ママは、あんたはアホやなあと呆れていたが、あたしは別にそれでよかった。

また、着の身着のままの放浪生活が始まった。ヤサにしてもいいような所も増えていたし、そこを転々とした。アーティストやら、服飾やら、モデルやら、何をして生計を立てているのかよく分からない者たちとツルみ、バカなことばかりやって遊んだ。背中に黒い大きな十字架を背負って練り歩いたり、七色のカツラを被ったゲイたちと仮装して毎晩のように出歩いた。

お金が無くなったら潤子ママのところへ行き、甘えた。ママにとったら誤算だったろう。たまにブツブツ言っていたが、気にしなかった。

ある日、いつものように潤子ママに電話すると、若くてやり手で、素敵な人がいるから一度ご飯でも食べに来たらと提案してきた。日にちを指定され、ママのマンションを訪ねた。

最近はどうしているのとママに訊かれ、ディスコの話をしていたら、その人がやって来た。聞いていた通りの人だった。うんと歳上の男の人が大丈夫な女の子なら絶対に断らないタイプの男性だ。歳上といっても当時四十代だったと記憶するが。

潤子ママはその人にあたしを紹介した。その人は、リビングのソファーに腰掛けて、一通り世間話をすると、あたしの方をじっと見てから、思い出したように上着の内側から分厚い封筒を二つ取り出し、潤子ママに手渡した。

「これはお母さんに」

「ありがとうございます」

「こちらはママに」

なんでこの人がママとママのお母さんに、こんな大金をあげるのだろう。

当時はまったく気が付かなかったが、きっとあたしは、自分の知らないうちに、借金を自分の体で返済していたのだろう。そう言えば、アクティブに立て替えてもらった二百万円はどうなったのか知る由もない。鮮やかな手口だ。あたしを店で使うのは断念したが、かかった元手をキッチリと回収していた。しかも、誰も嫌な思いはしていない。

こんなカタチで男の人の紹介を受けたのは後にも先にも、管長とこのときの二回だけだった。

潤子ママは、確かに心配もしていたのだろう。いくら可愛いとはいえ、十四歳ではあと四年は商品にならないものだし、手懐《てなず》けたってメリットが少ない。

せめて居所を一定させようとしたのか、潤子ママは、自分の新しいボーイフレンドが所有するマンションの一室をあたしに貸し与えるようにしてくれた。しかしその土佐堀のマンションはとても寂しい所にあったので、幼稚園から一緒の、ちょっと悪い部類の友達に連絡を取って出入りさせた。すると、あたしの留守中に勝手に鍵を複製して、見知らぬ人にまで渡していたらしく、ある夜、久しぶりに部屋に戻って電気を点けたら、半裸で全身入れ墨の知らない男がいて絶叫したことがある。それから、とうとうそこも追い出されてしまった。

またホームレスに逆戻りだ。

帰宅、象皮病

丁度その頃、ミナミのディスコに新参者が現れた。誰かが「マドンナともこ」と渾名をつけた。マドンナの『ライク・ア・ヴァージン』が流れると急にテンションが上がり、何かが取り憑いたように、一心不乱にストリップまがいのダンスを披露するからだ。誰も薄気味悪がって近づかなかったが、あたしは仲良くなった。みんなマドンナともこを嫌って、バカにして、遠巻きに眺めていた。

彼女はとてもマイペースな子で、全く気にしていなかった。

マドンナともこは、日本橋にワンルームを借りて住んでいた。あたしはマドンナともこの厚意に甘え、しばらく居候を決めた。マドンナともこは不思議な子だった。実家は宝塚といったか、少し浮き世離れしていた。十七歳と言っていたが、多分、たいへんな家のご令嬢が家出してきていたのだとあたしは今もそう睨んでいる。

ある夜、そのマドンナともこの友達が原付バイクを貸してくれたので、もちろん法律で禁止されていることだが二人乗りをして遊んだ。ミナミまで、これで行ってみようや！　と、あたしは提案した。マドンナともこはいつものように「うん。いいよ」と応じる。そのまま日本橋のマンションのあたりから、颯爽と、朝の五時頃に宗右衛門町を堺筋から入っていった。

ピピピピーーッ、ウオーン

赤色灯の点いたパトカーが前方を遮った。後方からは制服警官が笛を吹いて走って来た。

あーあ……。

宗右衛門町には中程に、通称マンモス交番という派出所があったことを忘れていた。

ついに地元で、こんなチンケな件で警察に捕まるなんて、無念極まりないことだった。しかも、憑依体質とからかわれているマドンナともことシケた原チャリでパクられたなんてことが、もしも街の誰かに知られでもしたら大事だ。あたしのミナミでの地位が脅かされるではないか。これはえらいことやわ。誰かに見られる前に、さっさと観念して警察の指示に従った。

「名前は？」

「なーまーえー」

バンと、南署の取り調べ室の机が叩かれた。一瞬ビクッとしたがあたしは俯いたままだ。

「はあ〜、お姉ちゃん、なかなかしぶといなあ」

「生年月日は？」

「生年月日言うてや」

と詰め寄られても、言えるはずがない。

四十八時間の拘留期限はとうに過ぎたが、身元が判明しないのでは釈放のしようがなかったのだろう。

三日目の昼、取り調べ室から留置場へ戻る途中で、いつものように手錠に腰縄をかけられ廊下を歩いていると、顔見知りの少年課の刑事が偶然にあたしの横を通りがかった。

ヤバい。

咄嗟に下を向いた。

「おい、おまえ！ とんこやんけ、何やってんねん。おいおい、こいつまだ中学生のはずやど」

刑事の記憶力に敬服した。

「えっ、無免許でパクったんですが、身元について一切口を割らんので困っとったんですわ。未成年かいな、そりゃあちょっと判らんかったなあ」

悪いことは重なるもんや。


警察から連絡を受けたものの、父が出かけていたので、「世間的に仕方なく」といった風情満開の継母が来ていた。

あーあ、こんなカタチで連れ戻されるなんて、お互いに不本意だ。未成年なのに家族から捜索願も出されていなかったため、少年課でなにか言われたのだろうか、あたしを連れて帰らないといけなくなったのが気に入らないのか、継母はいつにも増して、大変に大人げない態度だった。

父は帰宅した夜、あたしの部屋へは来ずに、三階へ直行した。そして、二人の会話が以前と同じく、聞こえるように垂れ流された。

「どうせ警察からの連絡だったら、死んでくれていたら良かったのに」

「そういう言い方はよしなさい。聞こえるだろう」


約一年ぶりの帰宅から、およそ三日後に象皮病を発症した。

象皮病とは原因不明の皮膚病で、この奇病にかかってエレファントマンと呼ばれた男の実話が元になった映画も過去に公開されている。

始め、顔面に虫刺されのような赤いものができる。当然、虫刺されだと思っているが、ある日突然発病する。この病気は原因不明だが、こういった皮膚病はまず心因性と診断される。

あたしの顔を見たとたん、父が叫び声を上げて、あたしの腕を掴み、湯川胃腸病院へ連れて行ったが、これはうちの専門ではないからと、かわりに皮膚科医の紹介状を書いてくれた。その皮膚科では、ドクターが父も診察室に入るようにと呼びに行かせた。不安で爆発しそう。その女医は医学書を出して、説明してくれた。そこにはあたしと同じ病気だという患者の写真が掲載されていて、父は目を逸らし、あたしは目を凝らした。

象皮病だと告げられた刹那、気が遠くなり、診察室の周りの景色がグラグラして見えた。絶望。すぐに死ぬ方法を考え始めて、ドクターの話は聞こえなくなっていった。だって、あたしは映画『エレファントマン』を観ていたからだ。ゆくゆくはああなってしまうのだ。

「よく聞いて」という医者の言葉にはっとした。治る人もいるし、進行が止まらない人もいる。医者はあたしの顔色を見て、あきらめるのは早い、根気よくやりましょうと励ましてくれた。しかし、医者の励ましなど聞く耳を持たず、これであたしの人生も終わったとしか考えられなかった。

外出せず、鬱々と何時間も手鏡を見つめ、葛藤し、死に方ばかりを考えた。その一方で、ふうん、病巣がここからどう広がるのかな、と冷静な観察もした。鼻の高さと額の高さが同じところにあった。額が鼻の高さを越えたら死のう。そう言い聞かせて、コンクリートのような薬を塗り続けたところ、二ヶ月後に回復の兆しが見えた。幸いにも、額は元の位置に戻ろうとしていた。神様は、まだあたしを見捨てなかったのか。幼少期、母に教会へ連れていかれたものの、洗礼は拒否したくせに、都合良く神様、仏様らに感謝した。

柿本寺事件

ようやく外出を許可されて、サングラス姿で潤子ママの家に遊びに行ったら、伊藤管長と大喧嘩をしてお店を辞めたという。潤子ママは管長をたいそう恨んでいた。

父と潤子ママがどうやって連絡を取り合ったのか知らないが、父から、上原さんにはおまえのことを頼むとお願いしておいたから、なんてしゃあしゃあと言われた。潤子ママの家にならに遊びに行っても良いというお墨付きをいただき、大手を振って泊まりに行ったら、夜、父がえらい剣幕で潤子ママのうちに電話をしてきた。

「明日の朝、伊藤の野郎の家に行くからな」

は？　一体何の話？　誰？　いつの話をしてんの。それに、パパにそんなことを言われるような筋合いはないわ。

潤子ママは管長に復讐を企て、父を焚き付けて、自分の恨みを晴らすつもりだ。そういう人だ。死なばもろとも。口癖だったから。

翌朝、四十度の熱があるあたしを無理矢理に車に乗せ、夙川《しゅくがわ》だか六麓荘《ろくろくそう》だかの伊藤管長の豪邸に到着した。

伊藤管長は完全に父を無視し、あたしに立派な自宅を紹介してくれる。テニスコートが二面あり、飛び込み台があるプールは、日本では見たことがなかった。韓国の家にはあったかな。二度目だという奥さんの紹介も受けた。

案内された奥の三十畳ほどの和室には、あたしと一度や二度遊んだこともある男の人が控えていた。あたしがバージンではなかったことの証人だ。ディスコでよく見かけるその筋の人間もいた。父は、家庭裁判所のOBを連れており、さかんに伊藤管長を責めた。すると管長は、

「俺はマリカと恋愛をしていたんだ。再婚した父親に家を追い出されて本当に可哀想だよ。そんな父親がいるなんて許せなかった。住むところもなくて、いつも腹を空かせていた。中学生だと？ 今さら何だ。若い嫁を取って、こんないい子を捨てたくせに。あんたは人間のクズだよ。父親だ、なんて言う資格ないね」

「なんだと！」

父と伊藤管長はあたしを挟んで言い争いになり、結局、話し合いは物別れに終わった。

帰り際、玄関先で管長が追い打ちをかけて、

「こんなやつが父親なんて本当に気の毒だ。十八になったらここに戻ってこい。俺の養女にしてやるよ」

「分かったな！」と奥さんとあたしに申し渡した。なんてことを。奥さんは大人しそうな人で「分かりました。いつでもいらして下さい」と、あたしを向いて言った。

「何だとこの野郎！　いいか、今日はこのまま帰ってやるが、貴様、俺に喧嘩を売ってきやがって！　後悔させてやる。憶えておけよ」

管長は父を挑発して、怒らせてしまった。

あたしの身元が判った時から、父のことはどんな人物か、潤子ママは噂で知っていたはずだ。こうして物事は潤子ママの思惑通りに動いていくかのように見えた。伊藤管長に、公私ともに裏切られたと感じていた潤子ママは、あたしのことで父を使って話を大きくし、伊藤管長を困らせ、仕返ししようと企てたが、結局あたしを不憫に思った伊藤管長が義憤心から父と言い争いになり、決別。

父は、銭カネの問題ではなく、年端のいかない女子中学生を性の対象にしたことの謝罪を要求したが、父の本意がどこにあったのかは定かではない。

伊藤管長の大邸宅での大騒ぎしてからほどなくして、うちに大阪府警本部の刑事がやって来た。以後、数人の刑事が毎日あたしを訪ねて来るようになった。父の応接室に通し、同じことを訊いては帰る。質問は、伊藤管長とあたしとの関係に終始していた。忘れもしない、大阪府警本部、井上班。いろんなタイプの刑事が来ては、いろんな方法で訊いてくる。あたしは、あくまで惚《とぼ》け通した。認めると、どれだけ管長に迷惑がかかるか、それくらいは十四歳のあたしにだって容易に予想ができることだったからだ。

何故こんな大事になっているのか。

誰かが管長の経理を探り、検察にリークしたのだ。警察は、管長の脱税を、こと細かに調べ上げていた。彼らは、伊藤管長を脱税の疑いで捕まえたいが、なかなかうまくいかない。そこであたしとの未成年淫行《いんこう》で身柄を引っ張りたいと説明した。管長は、なかなか巧妙に始末していたらしく、脱税では足がつかなくて、とうてい尻尾を掴めないとも言っていた。

「……そういうことでな、刑事さんに協力してほしいんや。伊藤と性交渉をもったことがあるんやろ?」

「いいえ。伊藤さんのことは知っていますが、あたしたちに男女関係はありません。脱税なんて言われても、あたしは何も知りませんし、分かりません」

ここであたしが本当のことを言ってしまったら、伊藤管長は未成年淫行で警察に引っ張っていかれる。それだけではすまないだろう。助けてくれたこともある人に、あたしのことで迷惑をかけるわけにはいかない。刑事さんには悪いけど、これは、決して認めるわけにはいかなかった。

これは、父の仕業だ。

父は、自分の怒りを鎮めるためだけに、あたしを犠牲にした。十四歳のあたしを世間の晒し者にしてでも自分の恨みを晴らそうとしたのだった。

父からは連日、口を開けば「早く伊藤とのことを刑事に話せ」とけしかけられていた。しかし、話す訳にはいかない。白状したくないのとは違う。だって、伊藤管長との関係を認め、言ったところで、あたし自身は何の罪に問われることもないのだから。でも、あたしは、伊藤管長を庇っていた。

別に、愛していたとか、そんなのでは全くない。あたしを助けてくれた恩人だという認識からだと思う。事実はともかく、あたし自身はそう感じていたから。心配もしてくれたし、住むところを世話してくれて、食べられない時にはお金もくれた。それよりも何よりも、父と潤子ママに連れられて行った、伊藤管長の自宅での発言に恩義を感じていたからだ。

だが、その日はもう何も訊かれなかった。

「立て」

「行くぞ」

え？　何？　ちょっと、どこに行くわけ？　警察署かな？

「ええと、どこへ行くんですか。父が留守だから、言うていかんと」

あたしはこうなって初めて焦った。

「お父さんは知ってはる」

「あの、何をですか？」

「……」

応接室にある、家中の全ての部屋につながっている建物内のインターホンを押すが、継母は応答しない。そして、問答無用で腕をとられ、手錠がかけられた。

南署に到着すると、大阪府警本部井上班と記された中には、班長の井上警部が座っていた。井上班長は、あたしを連行したことの嫌疑を、あたしに読んで聞かせた。

彼らの言い分と立場とは、つまり、内偵をかけ、ガサ入れの準備も整い、用意は万端なのに、予想に反しあたしが一向に口を割らないものだから、検察につつかれて業を煮やしていたのだろう。

ともかく、あたしの証言を得られなければ逮捕できないのだから、万事休すだ。井上班長は続けてこう言った。

「伊藤を逮捕するために、ワシらは寝る間も惜しんで、みんな何ヶ月も時間を費やしてきてるんや。協力してくれへんねやったら仕方がない。すこーし、頭を冷やしてきてもらうで」

「どういうことですか」

「……鑑別行ってこい。しばらく」

「え、なんで？　なにで？」

「不純異性交遊、や」

「ふ、不純異性交遊て……」

「あのな、未成年者がむやみにセックスするのを日本国家は認めてないんや」。井上班長は大きく目を見開いてあたしを睨んだ。

「意味が分からんわ」

吐き捨てるように言い返した。

「おう、おまえ、ええ加減にせえよ！　調子に乗ってんのも今のうちやど。今ここで素直に喋って家に帰るか、あくまでもワシらに楯突いて、非協力的な態度をとり続けて年少まで行くか、鑑別の中でよう考えろ」

さっきまで、あたしと井上班長のやりとりを静かに見守り、様子をうかがっていた体格のいい刑事が吼えた。あたしは、こういう役割分担があるのを知っていた。

「ちょっと待って！　なんで年少まで行かなあかんの？」

納得ができずに食い下がった。

「あほう。おまえのせいで、ワシらの苦労が水の泡になるんや。五年は行くつもりでおれよ」

「そんなん無茶苦茶やわ！」

「なにも無茶苦茶やあらへん。事実、おまえは素行不良やし、タバコ、酒、夜遊び、家出と、義務教育である中学校にも通学してない。学校にも確認してある。反社会的な要素でいっぱいや。覚悟せいよ、五年はつけたるさかい、出てきたら二十歳やのう。残りの十代をずっと年少で過ごせ」

さすがに最後の一言には青くなった。

何がなんだか、よく分かったような、分からんような。

さっき、お父さんは知ってはるって言ってた刑事がいたけれど、まさか、これも父の差し金か？

「以上。ほい、連れて行け」

そのままあたしは、手錠姿で南署に停車してあった薄いブルーのカーテンがついて、鉄格子の嵌った鑑別所行きのバスに乗せられた。

鑑別所と父への失望

鑑別所がどこにあるのか今もって知らないままだが、閉め切られたカーテンのわずかな隙間や、バスのフロントガラス越しに、繁華街、高速道路、田園風景と、景色が少しずつ変わっていくのが見てとれた。

バスを降りて一度だけ深呼吸をすると、郊外の空気は街中より一足早く秋が終わっていて、すでに冬が始まりそうな匂いがした。

「入寮〜」

と言ったか、到着時にはそういった掛け声があったように記憶する。

入所準備として、着替えと健康診断、医療検査がある。おおかたは留置場で経験していたが、何度やっても素っ裸での屈伸や、壁に手をつき、身体中の穴という穴をすべて見られるのは屈辱以外のなにものでもなかった。ポケットの中身をひとつずつ確認されて、着ているものを一枚ずつ脱いで行く。一人の刑務官がそれを声出しし、もう一人が記入し、記録していく。最後に靴と靴下を脱ぎ、サイズを確認して身体検査を終えたら、素っ裸で書類にサインをする。その間に、パジャマのような鑑別着を一揃い用意される。靴も、きちんとサイズにあったものを渡された。衣類にはきちんとアイロンがかけてあり、清潔で安心した。

次は医務室で問診。口の中を見せたり、眼球を見せたり、採血、採尿、検温をしたり。最後に婦人科の診察台に乗せられたのは冷や汗ものだった。広い診察室のど真ん中にあるそれを見た瞬間に寒気がした。冷や汗が背中を伝うのが分かった。あたしは嫌だと言って抵抗した。妊娠なんてしていませんと叫んだ。しかし、看護婦と刑務官に腕を掴まれて、無理矢理そこに連れられて行った。生まれて初めてそんなものに乗せられて足を開かされた。膝ががくがくと震え、首が強張った。医者が、妊娠の可能性や性病を診断するためだ。大人でも辛いのに、あれは、自我の強い十四歳の少女には極めて苦痛だった。それらを全て終えると、二畳半ほどの独房に入れられる。「単独」とも呼ばれる一人部屋で、健康に問題がないとみなされるまで、入所から三日間は、誰もが一旦はここに収容される。刑務官から、ホウキと雑巾を渡されて、番号をもらう。鑑別所では識別番号を必要とするのだ。刑務官や職員のことは先生と呼んだ。

みんな、鑑別所の一日目は、絶対にこの単独でシクシク泣くらしい。勿論あたしもシクシク泣いた。何でこんなところに入れられなきゃならないのだろう。何もしていない。昼間あったことを思い出し、悔しくて、悲しくて涙が止まらなかった。時折、見回りの刑務官が来て、

「その気持ちを忘れないように。だけど、もうそろそろ休みなさい」

と、鉄格子の扉越しに囁いていった。


鑑別所に入れられて、四、五日もした頃だろうか、父が面会に来た。さすがにあたしの顔をまともに見られない様子だった。父は、この日を含めて三度も面会に来てくれた。来る度に、目一杯の金額を差し入れしてくれた。

何のことやら、ちゃあちゃんからも葉書が一葉届いた。内容は、「看守のいうことをよく聞いて、云々……」とあった。ちゃあちゃんから手紙が来るとは予想しておらず、あたしのことなど忘れているとばかり思っていたので、葉書一面の文字を見て、手が震えた。あとになって読めば自己陶酔の羅列だったが、受け取った時は号泣した。よく考えたら、きれいごとを連ねたなんでもない葉書だ。なのに、自分の置かれた状況下ではこのきれいごとに不覚にも感じてしまい、泣いてしまったことに後悔した。


「けんじが面会に来たから、出なさい」

（けんじ？　けんじって誰よ？　しかも今日は面会日と違うし）

「ほら、早く用意して」

「えっとあのう、けんじって誰ですか」

「検事いうたら検事さんやんか。ほら、あの、大阪地検の検事さん」

「誰？　なに？　検事って」

「いいから、出て」

ガチャンガチャン。

外廊下では、事情の分らない教官同士が、どうしてあたしに検事が面会に来ているのかとか、眉をしかめてヒソヒソ話をしていた。当然だ。だってここは鑑別所で、少年法のもとに、更生の判断を家庭裁判所が決定するまで一時的に留置しておく所なのだ。面会は家族に限られているし、稀に警察が聞き込みにやって来るぐらいのもので、決められた面会日以外に、鑑別所送致されている十四歳の少女のもとへ、大阪地検の検事だか、検事正だかが面会に来ること自体が異例だとは、あたしも感じた。

「初めまして。私は大阪地検から君に会いに来た○○と言います。今日はなぜ僕が来たか分かるかな」

「いいえ、分かりません」

「君は伊藤義文さんを知っているよね。北区の兎我野《とがの》町にいる、柿本寺《しほんじ》という寺の住職でもある、伊藤管長のことだ」

「……はい」

「実は伊藤という男はだね、脱税という、国家にとって反逆とでも言うべき行為で法に背いている」

「はい」

「知っていたかね」

「いいえ」

「そうだね、うん。それでね、話を続けるけれど、伊藤はとても悪い奴で、我々は伊藤を捕まえるためにずっと内偵をしているんだが、伊藤のとこの副社長、あれがなかなか利口で、尻尾を出さない」

「はあ……」

「伊藤は地方の廃れた寺を買収し、その寺の住職という肩書きを利用して、宗教法人という抜け穴を使い、実際はソープランドやラブホテル、北新地のクラブや水子供養の霊園などにまで経営の手を広げ、それらの収益をごまかして納税を逃れているという訳なんだ」

「はい」

「それで、先にも刑事さんが言ったと思うけど、捜査が難航していたところに、捜査対象に関してね、この場合は伊藤のことなんだけど、たまたま情報が入ったというわけだ」

「どんな情報ですか」

「……まあ、君のことだね。罪状を言うと未成年者淫行の条例違反」

「……」

「この国ではね、いかなる理由があろうと、未成年者と性的に関わることは犯罪なんだ。それは分かるね」

「いや、分かりません。それにあたし、伊藤さんとは何もありません」

「うん、そうそう。そうやって君はずっと刑事さんの手を煩わせてきた」

「そんなん、あたしに関係ないことです」

「そうかな。君は関係あるからここにいるんやで。君の強情に大人は振り回されているんや。まあ、なかなか認めてくれないからね、刑事さんは君の証言が取れず困ってしまって、仕方なくここに送ったわけやな」

「あたし、何も悪いことしてないのに」

「そやな。きみとこの家庭の事情も複雑や。まあそれは置いといて、や。刑事さんから聞いているかも知れんけど、僕らは伊藤を逮捕するためにそれこそ何ヶ月も費してきているわけで、これ以上突っ張るのは、君にとって不利益だと思うよ」

「なぜですか」

「だから、あくまで君が伊藤を庇い、嘘をつき通して我々に協力しないと言うのなら、君にも反省してもらわないと」

「どういう意味ですか」

「そういう意味だよ」

「……」

「繰り返し同じことを言い合っていても仕方がないし、お互いのためにこれを最後に言っておくよ。我々は、伊藤を逮捕するために、それこそ命を張って捜査してきたと言ってもいいだろう。僕が君に会いに来たのは説得しに来たのではなく、通告しに来たということを伝えておくな」

「……はい」

検事さんがブザーを鳴らし、先生が取り調べ室まで迎えに来た。

「なんで少年鑑別所に検事が来たん。一体なにをしたの」

「分かりません。あたし、別に何もしてないです」

「しかし、検事が面会に来たのは初めてやなあ」

一九八五年当時のことだ。鑑別所にいる者は、傷害、覚せい剤、シンナー、売春、窃盗などで搬送されるものが大半を占めていた。だから、警察は来ても、検事が鑑別所に来ることなど皆無だったようだ。

　それから一週間ほどして、再び検事が面会に来た。やっぱり、来たか。この七日間は考えるのを避けていた。だから、答えは用意していないのだ。どうしよう。

　頭が真っ白な状態で面会室に入った。着席してすぐ、あたしのほうから切り出した。

「あのう、まだ何にも考えていないんです」

「ああそう。でもね、もういいんだよ」

「何が、もういいんですか？」

「あれからね、君のお父さんの許可をもらって家宅捜索、君の部屋を調べさせてもらったんだ」

「……はい」

「でね、出たんだよ」

「何が出たんですか」

「もう、君の証言は必要ない。君が我々に対していくら頑張ろうと、もう、何の意味もなくなったから」

　あたしの部屋？　何かあったっけ？

「君は伊藤と福島のホテルプラザで会っていたんだね。ホテル内の天ぷら屋で食べて、そしてス収書が」

イートルームに泊まった」

「な、何のことですか」

あたしは焦った。なんで検事がそんなことを知っているの。しかも随分と前のことだ。

「だから出たんだよ、君の部屋の白い引き出しから。伊藤が使ったカードの明細書とホテルの領収書が」

あっ、思い出した。と同時に顔面から血が引いていくのが分かった。確かにあたしには身に覚えがあった。ああ、あれ、あの時のもの。一番初めに伊藤管長と過ごした際に、「これ持っといて。後でどこかに捨てといてよ」って言われて預かった紙か。ホテルの領収書とカードの明細書。なぜすぐに捨てとかなかったのだろう。

あかん、大失敗や。あれが残っていて、あたしの部屋から見つかってしまったのなら知らんでは通らない。どれだけ頑張ったところで無駄だ。

「そうですか……」

「今日はな、それを知らせにやって来たんだ。君の部屋から出たものを証拠として伊藤の身柄を引っ張ることは出来た。イモづる式に、他の犯罪も次々に挙がっている。君がここを出る頃には、世間は大騒ぎになっているだろう。史上最高額の脱税事件としてね」

「ああ。そうですか」

「なんせ、坊さんのくせにやることがドギツイわ。大っぴらにやり過ぎたんや。調子に乗り過ぎたわけやな。ワイドショーはこのネタに大喜びしているけど。まあ、そんな訳だから、後は、ここを出て家庭裁判所で判決もらって……なんやけどな、君のお父さんと話したんやんか、君のこれからについて」

「あたしのこと、ですか。何て言うてました?」

父は、三回も面会に来てくれたのだ。どうしても期待してしまった。

「うーん。言いにくいねんけどな、お父さんとしては、今の家族が一番大切で、それを壊したくないということやねん。君には君の人生を歩いてほしいそうな。お父さんはな、君を施設なり、少年院なりに入れてもらいたいそうで、でもまあ僕の立場としてな、言えることは何にもないんやけど……君のお父さんは、あまりにも酷いお父さんやな」

首筋に冷たいものが走った。

何か少しでも父に対して期待したことを恥ずかしく思った。もしかしたら父も、自分が親としていたらなかったとか思ってくれて、ここにきてあたしを受け入れてくれ、これからは家に居なさい、などという言葉が父の口から出たのではないか、なんていう甘ったれた考えが一瞬でも自分の頭に生まれたことを後悔し、その気配を跡形もなく消去した。

父は、どこまでいってもあの女の言いなりなんだな。きっと、今や父にとって家族とは、継母と、そこに生まれた子供だけなのだろう。邪魔者は、少年院にでも行ってくれたら金もかからないし、ということか。あの女の考えそうなことだ。あたしは父を知っているし、父に育てられた。あたしは父の一部であり、あたしには父しかいないっていうのに。それなのにあまりにも父の行動は突飛で、あたしに対しての対応も、これ以上ないくらい薄情な扱いに終った。確かに利己的な両親ではあったが、他人に裏切られるならともかく、まさか親に、ここにきてこんな仕打ちまで受けるとは思わなかった。追い払うつもりだったなら、面会に来たりして情をかけてほしくなかった。期待して、裏切られるくらいなら、あのまま、諦めていたままのほうがよかった。父の弱さと冷たさを思い知らされた。あたしはこの経験をした時に、ひとりで世間に出る為の一番の学びの機会を得た、と思う。自分と一番近い人間に捨てられ、裏切られることで。

「まあ、そういう人たちなんで」。そう言うのが精一杯だった。

言いながら涙が込み上げてきた。胸が詰まったが、頑張って平静を装った。

泣いてたまるか、あいつらのために。

「しかしな、君自身は協力的ではなかったとはいえ、こうして伊藤を引っ張ることができたわけだし、何も我々も、君のお父さんの意向で、君を少年院に送ることまでは出来ないというのが大方の意見なのだよ。当たり前だよね」

「あーもう何でもいいっすわ。どこにでも行きます。実の父親のためにこんな所に入れられたのに、実の父親から身元引き受けを拒否されるなんて、涙も出ませんし」

「ほんまやな。だけど、君が少年院に行く理由など失くなった今、お父さんには君のことを引き受ける義務があるわけやから。とにかく、辛いこともあるだろうから、早くひとり立ちした方が君のためかなとも思うわ。これから頑張って生きていくんやで」

「ああ、はい」

わざと素っ気なく返事したが、赤の他人である検事さんがあたしのことをこんなに気にかけてくれていることだけが救いだったな、この時期は。

初め父は、未成年である自分の娘を性の対象として扱ったことを謝罪させるために伊藤管長に会うのだと言い、実際に会って、伊藤氏から謝罪どころか、親としての在り方を非難され、恥をかかされたと怒りを爆発させて恨みを持ったのだ。最初の動機は何だったのか、思い出すのもおぞましい。そして、いつの間にか父は、自分の復讐のためだけに、自分の怒りを静めるためだけに、あたしを利用し犠牲にした。そんな風に自分の娘を使った後に、世間の晒し者にするだけしておいて、更に邪魔者として処理しようと試みているのだ。

数日後、鑑別所を出て、家庭裁判所へ行った。裁判官に何か質問された時、自暴自棄になっていたあたしは何か口答えをしてしまい、本来ならば処分なしで済んだところを五年間の保護観察処分にされた。検事と刑事が傍聴に来てくれていて、判決の後で叱られた。

処分が決定しても、あたしは卑屈だった。

自宅に帰るとあたしの部屋からはモノがなくなっていて、実にこざっぱりとしていた。家具もそこそこに、半分以上の荷物が処分されていたからだ。「キレイになってスッキリしたでしょう。俺が片付けたんだ」と、父があたしに向け得意気に言ったが、あたしは何も言わなかった。言葉がなかったから。


釈放された翌日、昼頃になってなんとなく自室のテレビをつけてみたら、ワイドショーだった。そこに映る映像にあたしは目を見張った。ああ、これか。大変なことになっているやんか。

伊藤管長も潤子ママも逮捕されていた。そのままテレビを視ていたら、伊藤管長の豪邸と、なんとあたしの自宅が上空からヘリコプターで映しだされていて、目玉の奥に力が入るほど仰天した。その報道によると、伊藤管長がロリコンのエロ坊主ということになっており、この放送以降は、あたしの自宅にも、取材の電話や取材要請が頻繁にあった。これにはさすがに父も継母もあたしも参った。あたしは当分の間、一切外出できなくなった。

伊藤管長は警察、検察、報道の筋書き通り、寺の管長職が、未成年者の淫行で逮捕されるというスキャンダルにまみれていた。「法衣の錬金術師」と称されていて、ソープランドやラブホテル、水子霊園を経営。北新地の高級クラブまで三軒も所有し、十四歳の愛人を囲うロリコンで、それだけでは飽き足らずに他にも多数の妾を囲っているとなっていた。その後、とうとう当局の思い通りに最後は脱税で再逮捕されてしまった。話題はそれだけにとどまらず、追徴金と、保釈金の高さでも話題になった。後に、伊藤管長は伊丹十三監督の映画『マルサの女2』の主人公のモデルとなったことでも知られている。伊丹監督は、取材のために幾度も大阪へ来た。ある北新地の関係者を介し、あたしにも取材の申し込みがあった。穏やかな優しい方だった。映画の中で洞口《どうぐち》依子《よりこ》さんが演じていた少女のモデルが、あたしだ。

潤子ママの罪状は売春斡旋ということだった。伊藤管長への私怨から、あたしの父を使って復讐を果たそうとして、かえって薮蛇になってしまい、文字通り死なばもろともとなった。

第三章

「銀座はどちらですか?」

東京へ行こう

一ヶ月半ほどして、過熱した報道も下火になったある日、登校してみた。鞄を持ち、制服を着用して。学校に着くと、あいにく音楽鑑賞会だった。会場はフェスティバルホールだと言われたので、急ぎタクシーに乗った。会場に到着すると、そこで生活指導の先生がいてあたしをみとめ、帰宅せよと言う。仕方なしに自宅へ帰ると、今度は父がどうして帰ってきたんだとあたしを責める。鞄を持って、制服も着て、遅刻もせず、きちんと登校したのに帰ってくれと言われたからと伝えたら、父が少しの沈黙の後に、「じゃあ、もう行かなくていいよ。そんな学校なら」と、珍しく教育機関に対し毒づいた。

学校にも行けず、かといって保護観察処分とされたあたしをどうすることもできずにいた継母の、あたしに対する虐めやヒステリーは彼女の姉にまで及び、日増しに増長していった。継母の姉は、時折あたしを父の応接間に呼び出し、おまえがのこのこ戻って来て、このうちにいるから妹が幸せになれないのだと罵倒し、もう一度あたしに出て行けと迫った。しかし、また家を出たら、次に捕まった時にはどこへやられるかも分からない。鑑別所とか、少年院とか、もう絶対に嫌だったから、何があっても出て行くものかと耐えに耐えて我慢した。出て行かない、強情な娘だと色んな大人から日替わりで責め立てられ、虐められて、泣くことしか出来なかった。家のなかに、その場に、血の繋がった親がひとりいたが、父はそれを黙殺した。

その後、継母の希望で、あたしの母があたしに遺してくれた自宅は売却された。十四歳で、父親の申し出により（というよりもむしろ継母の強い要望で）、親が借りる部屋での独り暮らしが始まった。部屋はおまえが探して決めてきて良いということだったので、その当時に流行っていた、半分ホテルで半分マンションという、心斎橋のアメリカ村のど真ん中の物件に部屋を見つけて契約を済ませた。お家賃は八万円と子供が一人で住むにはお安くはないが、あたしにそれくらいしてもいいだろうという気持ちもあってその部屋を選んだ。父は何も言わなかった。

こうして父からは毎月家賃と光熱費だけは書留で送られてきた。保護司の川端先生宅へはきちんと毎月決められた通りに行き、その甲斐あってか一年で保護観察は打ち切られた。だけど、父から送金されるのは最低限の生活費なわけで、食費などを捻出するために、再び夜のアルバイトを始めていた。川端先生、ごめんなさい。騙していたわけではないのです。他に働ける場所を知らなかったから。

再び独り暮らしになり、あたしが街へ戻って来たと、歳上の仲間たちは皆よろこんでくれた。あたしの部屋は遊び人の溜まり場になった。

相変わらず多恵ちゃんと、その妹のサオリと一緒になり、マハラジャ、ジュビレーション、葡萄屋はもちろん、パトーナと、毎晩大活躍した。恋愛は時々、好きっぽい相手ができては通り過ぎるという、そういうものだった。誰にも束縛されず、何にも縛られていなかった。本当の恋愛をしたことがなかったからだと思う。あの時までは。

お金がなくなってくるとバイトに行って、日銭を稼ぐ。店が終わると、日払いを貰ってディスコへ直行するというその日暮らしの宛てなき日々を送るあたしに、人生を左右するような男との出会いが待っていたとは知る由もなかった。

その夜もあたしはモテた。お店に行ってもママにもお客さんにも大切に扱ってもらえたし、楽しかった。若かったし、深く考えることなど何もないし。流行っていたアニマル柄の切りっぱなしのトップスに、白いミニスカート、十二センチのハイヒール。この日の装いはピンク、白、赤のラインストーンという色合いだ。相当自分に自信があったのだろう。新規の客につけられても、当然チヤホヤされるものだと信じて疑わなかったし、あたしにはあまりにも当たり前のことだった。

しかし、その男は違った。

「自分なんか呼んでへ〜ん。返品やわ」

何？　このオッサン。

「嫌や〜南部さん、この子あげる」

「ええ〜マヤさん、そんなこと言わんといたりいや。まだ若いのになあ。ところで自分、いくつ？」

「はい、あたし二十一です」

「二十一やて〜おばちゃんやんか〜。南部さん、俺、おばちゃんいら〜ん」

（おばちゃんやと？　オッサン、あたしはまだ十五になっていない）

心の中で呟く。

これが始まりだった。この日のやりとりはあたしの記憶に強く残った。この男のことが印象的だったからだ。

ちまたでマヤさんと呼ばれているその男は、年は四十六歳くらいだったか、いつも相棒の南部さんという男性と一緒に遊びに来ていた。別に流行のものを身に付けているとか、お洒落をしているとかそういうことでもなく、半袖のシャツを着て、胸ポケットにショートホープを入れていた。そのマヤさんが初対面から二日と空けずにまたやって来た。呼ばれたのかどうか、再びあたしがつけられた。

いいの？　返品って言われているのに。

マヤさんは、それからも頻繁に店に来ては、あたしを指して「こんなんタイプと違う」と主張し続けた。

そのマヤさんらに、今夜店が終ったらサパークラブという名称の、当時まだギリギリ存在した生バンドのショーを見ながら食事をしたり、踊ったりできるところへ行こうと誘われた。相棒の南部さんが誘いたい女の子が別にいるので、四人で行こうと。ついでみたいな感じで言われたから、逆に気楽について行けた。今考えたら、マヤさんは本当はあたしを気に入っていて、冷たくしたのは彼の作戦だったのではないかと思う。その頃はあたしもウブで、彼の術中にはまってしまっていたんだろうなって、懐かしく振り返る。

ある夜、なぜかそのマヤさんというオッサンについてゆき、とうとうホテルにまで行ってしまったのだから仕様がない。彼は、手品もダンスも玄人はだしで、女の子を笑わせるのが上手だった。

この男が上手だったのはそれだけではなく、男を知りたてでまだ深い喜びも知らなかった少女のあたしに、次々と特殊なやり方で、根気よく、様々なことを躾け、試して楽しんでいた。あたしは、あの一見なんの変哲もないオッサンに、どろどろに溶かされていってしまった。

もし、セックスの快感に上限があるとして、それ以後、あの時を越える快感を経験していないのだということになると、きっとあれがあたしの感度の限界だったと思ってもいいのかなと考えている。不幸だけど、それからのあたしは、あの男とのセックスのおかげで、誰と付き合っても体が合うから別れられないというような事もないから、一長一短だったかなとも思うけど。

そうこうする間に、次第にマヤさんにのめり込んで行き、気が付けば、店も辞めていた。本当に、身も駆け引きというか、女の気持ちを自分だけに引きつける能力が抜群の男だった。

心も彼だけで占められていた。ある時など、他の女の子と一緒になり、相手も帰らないし、あたしも帰らない。結局ラブホテルに三人で入り、川の字の真ん中で寝るマヤさんが横でその女の子とで仲良くしている間、あたしは背を向けて、両手で力いっぱい口を塞ぎ、むせび泣いた。飛び起きて罵声を浴びせ、その場から居なくなってやろうかとも考えたが、帰ったらあたしの負けだったから。それを試されている気もしたし。自尊心との戦いだった。一時間が十時間にも感じた。だけど、とうとうその女の子はあたしが居ることに我慢が出来ず、しびれを切らして出て行った。マヤさんは残ったあたしを優しく引き寄せて髪を撫で、腕の中で口づけをした。そんなこともあったなあ。十五の春。

マヤさんは既婚者で奥さんと子供もいた。奥さんとは完全に別居していて、彼の会社では奥さんが専務として采配をふるっていたようだ。彼との関係が一年近くなったある日、あたしは考えるようになっていた。愛欲に溺れた奴隷の日々をいつまでやるのかということを。色欲の前に身をおとしきって、そして、それに抗い切れない自分に苛だちながら毎日を過ごし、年を重ね、そのうち後戻りできなくなり、後悔ばかりしながら人生を捨ててしまっていいのかと。もしかして、彼がパイプカットをしていなくて、もしくはそれを繋げたとして、あたしに彼の子を生めるチャンスがあったなら、多分、別れられていなかったかも知れないな。

「もう許して。お願い」。あたしはそれまでに、もう何度も果てている。「もういや、お願いだから」

「もう降参か」

夜半から続く行為は、明け方になろうとしていた。

「痛い、もう止めて」

「許してください、降参ですってお願いしてみい」

「許して、ください。降参です。お願いします」

「いや、あかん。まだや」

言ったのに、止めてもらえない。

悲しくて啜り泣く。それでも容赦なく攻め続けられ、そのうちにあたしは、ようやく男が本当に見たかったあたしに変化する。

首がすくみ、上半身はうねり、全身をかけめぐる快感に何度も身を起こす。啜り泣きが叫び声に変わる。

「お願い、殺して」

堪らず、最後には天井を貫くほど大きな声でその言葉を発すると、彼は無言で静かにあたしの体に覆い被さった。あたしたちは、お互いのなかで共鳴し合う接合した一部分を除き、動くのを止めた。

この男と別れるのは容易ではない。幼いが、充分に女になってしまっていたあたしは、次第にそう感じるようになっていった。これは、弱みになる。体が合うから別れられないというのはこういうことを言うのか。不潔だ。そう思いつつ、だらだらと一年半ほど過ごしてしまったある日、このままここにいたら、一生この男と手を切ることは出来ないかもしれない。そう考えるにつれ、自分の将来を思うと急に怖くなったのだ。純粋に、この人の子供が欲しいという願いも叶えられそうになく、奥さんもいる人に、こんな風になってしまって、このままだとあたしはダメになってしまう。

東京へ逃げよう。

漠然とそう思った。

銀座デビュー

一九八七年秋頃のこと。

「東京のひと?」

京都から乗車してきて、あたしの横に座った初老の男性が、横浜に到着する前に話しかけてきた。あたしはそれまで、当時新幹線に存在したビュッフェという食堂車で、名古屋から横浜あたりまで、食事をとって過ごしていて、席に戻ったところだった。あたしは初めて、横に座っている男性の顔を正面から見た。

「いいえ」

「東京へは何しに行きはんの」

「事情があって、仕事を探しに」

「何の仕事」

「銀座でホステスとか……ですかね」

あてはなく、ただ、テレビなどで銀座ホステスの特集を知り、つのだじろうさんの「銀座花族」という元気な漫画にも出会っていたし、とりあえず東京にさえ行けば、働き口はなんとかなるかなと。それに、新幹線の座席に備えてあった「L&G」という雑誌に、銀座日航ホテルと紹介されていたから、まずそこのホテルにチェックインして化粧をし、銀座のネオン街をウロウロしてみて、一番初めに声をかけてくれたスカウトのところに勤める計画を立ててたと伝えた。初老の男性は「いくつ?」と聞いて来たので、「二十一です」と答えたら「頼もしいな」と笑った。続いて、

「あの、変なこと聞くけど、いやらしい意味とちゃうねんで? いいかな」

「はい、何でしょうか」

「君は、ブラジャーはどこのものを着けてる?」

あたしは子供の頃から胸が大きくて、十六歳当時は、国産のものでサイズの大きなものはデザ

インの良いものがなかったので、普段はシバリスとかフランス製か何かの外国製品を愛用していたが、たまたまその日はたった一枚だけ所有する国産のブラだった。

「ええと、今日はワコール」

「ええー、ほんまかいな」

「……ほんまですよ。それが何ですか」

「いやあ、ほならちょっと背中触らせてくれる? ホックのとこ」

「ホック? いいですよ」

その初老の男性は、ほんの一瞬セーターの上から背中のホックを撫でた。

「いやあ、ほんまやなあ」

穏やかな顔つきの男性は、莞爾としてあたしを眺めた。

「ほんまですってば。それより、そっちこそ一瞬触っただけで、ちゃんと判るんですか」

「判るねんそれが。僕が作っているからなあ。それより君は嘘つきと違うなあ」

「あたし、嘘つき違いますよ。って、ええーっ! ワコールのブラジャー作ってはるんですか」

「まあ、正確に言うと、今は作ってはいないけどな、触ったら判る」

ニコニコして言うと、上衣の内ポケットから名刺入れを出して、あたしに一枚差し出した。そこには、

〈日本商工会議所副会頭　塚本幸一〉

と大きく記されてあり、横に小さく、

〈京都商工会議所会頭　株式会社ワコール〉

とも記されてあった。この名刺を見たら、いくらあたしが子供でも、すごく偉い人なんだと分かる。

ほんまかいな。あたしと塚本さんの出会いはこんな感じだった。

「もし銀座で働くんだと決めているなら、良かったら、とても良いママがおるから紹介するで」

と申し出てくれたが、あたしは即答で断った。あたしには銀座の情報も何もない。東京に友人すら一人としていない。だから、最初にあたしに声をかけてくれたところに行こう、と新幹線に乗る前からそう決めていたからだ。

「いや、自分で決めたことをいっぺん先にやってみます」

「そうか、ほんならここに電話番号を書いておくからな、これには秘書がでるさかい、君のことは言うておくから電話しておいで。今夜は青山でな、集まりがあるから良かったら後ほどおいで」

恩着せがましくなく、押しつけがましくなく、爽やかで実に好感の持てる人だった。

東京駅に到着したらホームに迎えの方が数人来ていたが、まだ半信半疑でいた。

改札を出て、タクシー乗り場へ行くと、その初老の男性のことはひとまず考えるのはやめて、予定通り銀座日航ホテルへと向かった。

ホテルにチェックインを済ませ、部屋に入り、冷蔵庫を開けると飲み物があるが、みんな高い。いや、こんなもんか。なんとなく、備え付けのお茶を淹《い》れて、鏡に映った自分の姿を見ながらゆっくりとお茶を啜り、飲んだ。次は、鏡に向かって魔法をかける。ひと刷毛《はけ》、ひと刷毛、丁寧に。時間はたっぷりとあるから、一つの妥協も無く仕上げたい。若さとは潔癖なものだ。

唇を赤くしたら、とても良く出来上がった。十六の秋、この大都会の風は、暖かく迎え入れてくれるのだろうか。

「すみません、あの、銀座の繁華街は、どちらに行けばいいですか」

道行く人に尋ねる。

「繁華街？　ここらあたりがそうだよ」

「あの、クラブとか、女の人がいるお店とかはどこらへんにありますか」

「ああ、並木通りね。ここ真っ直ぐ行って」

「ありがとうございます」

だけど、並木通りってどこだろう。

心細さを気取られてはいけない。ここは大都会の真ん中なんだから。あたしは銀座のことなんかようく知っているよというふうに堂々としておかないと、安く見られる。騙されてもあかんし。折れそうなハイヒールで堂々と闊歩するが、内心は泣きそうだった。万が一、迷っても戻れるように、ホテルからマッチを持ってきた。時々、不安を感じると、歩きながらバッグの中に手を入れて、持参したマッチを探した。震える指先でマッチの確認をしたら、大丈夫、大丈夫と心の中でだけ唱えた。

歩き続けていると、なにがなんだか判らなくなってきて、緊張のあまり目眩《めまい》のようなものを感じた。そして一旦ホテルの部屋に逃げ帰った。

窓を開けて、酸素と、街の喧噪とを部屋の中にも入れる。今夜このまま部屋のなかに落ち着いてしまわないように。

再び鏡に映った自分を観察し、冷めたお茶を一口だけ飲んだ。お茶碗に口紅をとられて艶を失った唇に、さっきよりも丁寧に口紅をのせる。深呼吸した。大丈夫、いける。また心の中で呟いて、再び部屋を後にした。ネオンは、あたしの味方でいてくれるはずだ。

「どちらかのお店の方ですか」

変な言い方だな。

ネオン街では見覚えはないが、決して会社員にも見えない身なりのあたしに対し、窺うような、探るような、無難な声の掛け方をしたというところか。比較的若めな感じの細身の男が、こんな感じで声をかけてきた。

「いいえ、違うんです。だけどあたし、さっき大阪から来て、お店を探しているんです」

「えーそうなの。大阪から来たの」

「はい」

「家とかは借りたの？」

「いや、まだです」

「じゃあ、うちのママに相談してみよう。いい人だから安心して」

「……はい」

店に行ってみると、店内はシックな内装で、歴史を感じることが出来た。店の賑わい方も上品で、ホステスさんもお客様も落ち着いた感じだ。良かった。

入り口に大きなハイカウンターが設えてあり、そこに座って待つように言われた。カウンターの内側にいた人懐っこい笑顔のチーフが、お茶がいいか、ジュースがいいか、わざわざ尋ねてくれた。お茶でお願いしますと答えると、一言、二言、なにかジョークを言ってから出してくれたように思う。

喉がカラカラだったが、緊張していて、なかなか飲み物にも手を付けられないでいた。

「なあに、大阪から来たの？　今日？」

振り向くと、顔の小さい、華奢で、和風の顔立ちなのだが洋風の雰囲気の、体にぴったりと合った洗練されたワンピースに身を包んだ女性が立っていた。

「あ、はい。新幹線でさっき来まして、日航ホテルに荷物を置いて来ました」

「誰か知り合いはいるの？」

「いいえ」

「じゃああなた、行き当たりばったりで」

「はい」

「経験はあるの？」

「あります。北新地で」

「まあ。いい根性してるわねえ。あたしもね、若い頃に駆け落ちしたの。相手の男が大阪の男でね。だからあたしも少しだけ北新地にいたのよ」

「そうなんですか」

「なんか縁があるわね。住む所とかはあるの？」

「ないです」

「あら、じゃあ仕方ないわね。しばらくは、チーフのうちに居候すればいいわ」

「え！　いいんですか」

チーフの方を見ると、ウインクしてる。

「チーフはね、うちの女の子と結婚していて、新婚なんだけど、大丈夫でしょ」

ママもあたしを見てウインクした。

「何から何まで本当にありがとうございます、ママ。ああそうだ、来しなの新幹線で、隣の席に座ったおじいさんからこんな名刺を貰ったんです。多分偽物だと思うんですが、ブラのホックがどうとか言ってて」

「どれ」

「ほんと怖いですわ。背中を触っただけで僕のとこの商品だなんて、そんなの判るわけないっていうの。詐欺師ですよねえ」

「あ、あなた、この名刺は本物だし、この方は本物の塚本さんよ。あたしも一度だけお目にかかったことがあるわ」

「へえ。本物だったんですか」

素っ気なく言った。あたしのなかでは、この名刺のおじいさんが、本物でも偽物でもどちらでも良かった。なんとなく本物のような気はしていたが、それが確かに本物だったと聞いても、舞い上がったり慌てたりはしなかった。あたしは精一杯働くつもりだったし、それに、海のものとも山のものとも分からないあたしに最初に声をかけてくれたお店には、きっとご恩返しができると確信していた。なぜなら自分には、良くも悪くも何かそういう力が働いて、自分が望まなくとも、そこにいれば大きな風を巻き起こすということを、既に肌で感じ始めていたから。特に驚かなかった。自分でも不思議なほど冷静でいられた。

「いやまあ、お店を紹介しよかとか、後で電話しておいでとか」

「どこに」

「この番号に」

「お友達の誕生日パーティをやっているから、後でおいでって」

「この方は大変な方よ」

「はい」

「今、ここから電話してみな」

「分かりました」

とにかく店を出て、先方の指示通りの場所にタクシーで到着をすると、車止めにはすでに立派な蝶ネクタイの案内人が待っていた。

「マリカ様でしょうか。お待ちしておりました。主人は階上でお待ちかねです」

この偉大な会長は、あたしのことを、付き合いのあった間は終始心配をしてくれ、半ば面白がっていた節もあったと思うな。

塚本氏が所有する青山の巨大なビルの最上階は、会員制のバーラウンジになっていた。パーティは、毎回その月のお誕生日のメンバーが集合する親睦会だと説明を受けた。

給仕は皆タキシードに蝶ネクタイで、女性はサテンのオフホワイトのブラウスに、エンジ色で靴が見えない長さのロングスカートを着用していた。さながら高級ホテルのラウンジだ。それは素敵なところだった。

「ああ、来た来た。この子やねん。今日乗って来た新幹線で席が横でな。うちのブラジャーをとったんや、な」

サロン内の螺旋階段を上がりきったら、遠くの方から声がかかった。

贅沢なスペースで区切ってある空間を見渡すと、何人かの視線の一番後ろにその男性を見つけることができた。青山の夜景をバックに、さっきのその人は言った。

「遠慮せんと、ここに座り」

横の席が空席になっていた。

一歩一歩踏み出すが、絨毯がフカフカ過ぎて足元をとられ、なかなかたどり着かない。その絨毯よりフカフカなソファーに、やっとの思いで腰掛けた。

「さっきとおんなじやな」

初老の男性はおどけた。新幹線でのことだね。さっきは隣で漫画を読んでいたよ。

「みなさん、紹介するわ。マリカさんです」

突然のことに戸惑いながらも立ち上がって一礼した。

「マリカです。初めまして」

精一杯だった。一斉に注目された。

「初めまして。先ほどからお話をうかがっておりました」

向かいに座っていた七三分けの、神経質そうな男性から挨拶を受けた。英国式というか、立ち上がり、紳士的な振る舞いで。

「彼は、三和銀行の頭取やねん」

「ありがとうございます。会長のご協力のお陰です」

「僕のお陰ではないですよ」

塚本さんは苦笑いをした。

大手銀行の頭取……絶句した。たったいま上京したての十六歳の小娘は、漫画でしかその存在を知らない。漫画に出てくる頭取は威張っているが、そこにいる頭取は、腰の低い控えめな方だ。

塚本さんは、本当にすごい人なんだと思い知った。

彼は、その夜、そこにいらっしゃった全ての方にあたしを紹介した。

「ほんで、どうなった？　お店はどこか決まったか」

初めに声をかけてくれたところと自分で決めていたし、住む所も世話してもらえたし、親切にしてくれた梶子ママのいる「ル・マン」にいく意志を伝えた。

気を悪くするかなと思ったが、案外そうでもなく、

「そうか、自分で決めてきたんか」

と言ってくれ、終始ニコニコしていたな。偉いひとなのに。

この親睦会の後に銀座で待ち合わせて、仲良しだという超一流とされる高級クラブの久美子ママという方のお店「グレ」へ連れて行ってもらった。久美子ママは「気が変わったら、うちに来てちょうだい」と言ってくれた。


翌日からあたしは銀座のホステスになった。

八丁目の「ル・マン」という店で、年をごまかし、黒川魔子と名乗った。

しばらく経ったある日。

「魔子ちゃん、電話」

入店して間もなくの頃、東京に知り合いなど皆無のあたしに電話なんかかけてくる相手に見当がつかなかった。

「たぶん、塚本さんよ」

レジのお姉さんが恭《うやうや》しく小声で言った。

塚本さん？　誰だっけ？　すっかり忘れていた。

「はい、お電話代わりました」

「真面目に来てるみたいやな」

「ああなんや。この前の、塚本さん。誰かと思いましたわ。真面目ですよ」

「十分後に行くわ」

とだけ言って電話は切れた。ママに伝えると、黒服たちが慌ただしく動き始めた。

塚本さんは、デニムジャケットに、マスクにサングラスという出で立ちで、一人でお見えになった。

「いらっしゃいませ。来てくれたんや、ありがとう。ところでどうしたん、それ」

「初めて来るし、どんな店かも分からんからな。しかし、どうやらこの店は、ややこしそうなんはおらんようやな」

厳しい顔つきで店内を見渡した後、マスクとサングラスを外した。

一拍置いてから梶子ママが小走りで駆け寄り、一礼してから自己紹介を済ませ、着席の許可をもらった。それから時折、上京の際にはお友達と一緒にちょこちょこ遊びに来てくれるようになった。

あたしと塚本さんは、どう考えてもただの小娘と、とても偉い人なのだが、彼はあたしを人として認め、対等に接してくれた。

あたし達は一緒にマッサージを受けたり、塚本さんが気に入っていた銀座の「京星」という天ぷら屋さんに食べに行ったりした。塚本さんは六十八歳だったが、少年だった。地元京都の町おこしの話や、日本の少年少女の未来を案じ、語ってくれた。また、戦争中にたいへん過酷な作戦に参加し、すんでのところで死を免れたこと、奥さまとの出会い、会社を興すキッカケになったこと等々、たくさんお話ししてくださった。

マッチ棒クイズをして遊び、ウィットに富んだ会話も交わし、冗談を言い合い、年齢や立場を超えた、気の合う友達みたいなところがあたし達にはあった。

一度だけ、塚本さんの定宿《じょうやど》であった東京プリンスの部屋にルームサービスをよばれに行った時のこと。マッサージをしてみいと言われ、「ええで」と、一生懸命してあげたところ、「下手やなあ。まあ、若いし、しゃあないか」と笑われた。食事はお肉とか、サラダとか、テレビを点けながら食したが、ニュースが流れ、経済の話になると、一転して真剣な表情になった。あたしがたった一度だけ見ることのできた財界の大物、塚本幸一の顔だった。

「今夜は泊まっていくか」

吃驚《びっくり》して、しどろもどろに「ううん、帰る」と答えたら、今度は大声で笑われたな。多分、赤面したあたしをからかって、面白がっていたのだと思う。

何年か後に、いくつになったんやと聞かれて、恐る恐る二十歳になったよと答えたら、この時は塚本さんが吃驚していたな。

「ほなら、あの新幹線で出会った時は十六、七歳やったんか！」

また、アッハッハッハー。

はっきりした笑い声。粋で、豪快で、優しくて、男らしい。とても大きなひとだった。

東京での日々

居候をすることに決まったル・マンのチーフのうちは、八潮団地というところにあり、あたしは銀座までの往復にタクシーを使った。

ある日の夕方、行きしなのタクシーの運転手さんが高輪あたりで大きな建物を指差した。

「あれがね、山口百恵ちゃんの住む億ションだよ」

指の先には煉瓦のお城のような立派なマンションがあった。テレビのワイドショーで見かけたことがある建物だ。第一京浜沿いからマンションの敷地内へとロータリーが続き、ゲート入り口では玄関に到着するまで二重、三重に警備員が常駐し、チェックしている。豊かな緑が生い茂り、ゲートから続く歩道は、緩やかな登りの坂道になっている。建物の脇には、花壇や並木があり、歩道を歩く人が、花や、木々の香りを楽しめるようになっていた。

「あの灯りの中には、いったいどんな暮らしがあるのだろう」

曖昧な優しさでポワンと灯り始めた優雅で暖かい色の電灯の中に、過去にも未来にも何の心配もない家族を思い浮かべ、心の中で溜め息をついた。こんなところに住んでみたいな。毎夜、通りがかる度にタクシーの車窓からそんな風に思い、その重厚で高級な佇まいに憧れ、ただぼんやりと見つめた。

そして、一ヶ月も経たないうちに奇跡が奇跡を呼び、なんと憧れのそのマンションに住めるようになったのだ！

本当に信じられなかったが、でも何となく、いつか住めるような気はしていた。驚いたのは、そう願ってから間もなく現実になったことだった。

母に置いていかれ、父に捨てられ、財産を奪われ、自分の身体以外に何も持っていない、住む所さえもないプアなあたしがこんなところに住めるなんて。

ただ、もしかして、人生とはつじつまが合う時ってあるのかしらと。神様とか仏様とかご先祖様の存在を、宇宙の法則のようなものを、このとき初めて感じた。

東京は大阪とは違った。

銀座は、六本木は、何もかもが違った。上京して一ヶ月もしないうちに大東京を実感せざるを得なかった。ここでは夢に出会えるし、夢を持つことも出来る。東京という街や人が持つエネルギーや洗練は、同じ都会でも大阪には無い種類のものだった。

銀座勤めでそのうち人気が出ると、ご祝儀とお見舞金の額が半端ではなくなる。初めてお会いしたお客さんと、お店の帰りにご飯に付き合っただけで八十万円も貰った。入ったばかりの頃には、銀座の女になったら高級なバッグの一つくらい持っていないとダメだと言って、これでバッグを買いなさいと百万円を渡されたこともある。金額ではなく、その心意気が憎い。粋だ。

そんななか、東京暮らしにも慣れてきたし、お金はバカスカ入るもんだから、夜の街に繰り出し、友達を作りにいくようになった。ある時、体調を崩して休んでいたら、

「もしもし、魔子ちゃん。〇〇建設の社長と〇〇先生が来られて、今夜は具合が悪くてお休みなんですと言ったら、お見舞金を置いていかれたわよ。大金だし、後で取りに来てね」

「大金？　いくらくらいあるの」

「たぶん二百万はあると思う」

「二百万！　すぐ行くわ」

こんな調子だったので、下手をすると、ちょくちょく病欠した方が働くよりお金になっていたのかも。

その頃知り合った平良《たいら》は沖縄の離島で生まれ育った男だった。小さな頃は、米空軍が訓練中に落とした熱々の空薬莢を拾って売り、お小遣いにしたらしい。そういう環境で逞しく育ったと話していた。

あたしと出会った頃は、渡英中にＬＳＤの密造密売でインターポールに目をつけられて帰国したばかりだと言っていた。美容師で、英国のヴィダルサスーンと、アラン・インターナショナルとかいう専門学校で技術を磨いたらしい。卒業証書や、写真なども見せてくれた。

平良とは、銀座の仕事帰りに行きつけになっていた六本木のお店で知り合った。美容師だと言うので、髪を結ってもらったら、なんだか突然好きになってしまったのだ。珍しくあたしの方から惚れて、西武百貨店で軽く一着五十万円はするヴァレンティノのスーツを揃えたりした。あたしは十七歳で、平良は二十八歳くらいだったと思う。

平良と出会ってすぐ、高輪のマンションは、部屋の持ち主との行き違いで退去しなくてはならなくなった。そのことをあるお客さんに話したら、芝浦の高層ビルの新築4LDKのペントハウスを借りてくれた。そして、新しい家具の一式を用意できるように現金も用立ててくれた。

そのお客さんとはご飯すら食べたことがない間柄だった。でもまあバブル当時はそんなことが横行していて、それは、さほど珍しいことではなかった。銀座のホステスの誰もが多かれ少なかれ好景気の恩恵にあずかっていた。そういったことは日常茶飯事だったし、深く考えずに申し出に甘えた。

行き当たりバッタリの人生が身に付いていたし、それしか生きる術を知らなかったから。溺れそうになったところに船が来たから、乗った。生き残ることが最優先。良い船っぽかったし、ただそれだけのことだ。それに、その頃は周りの誰かに助けを求めていても、状況はきっと似たり寄ったりだったろうし。

芝浦の部屋を借りてくれた杉山という人から、三ヶ月ほど経ってから、思い出したように突然連絡があった。夜、一度だけ部屋に遊びに来たのだが、あたしはその気にならなくて、体調が悪いからと断ったら何もせずに帰った。

他にも面倒を見ている女の子は大勢いただろうし、結局、その人とは一度も無かった。メインじゃないから、忘れられていたと思う。しかし、断ったのにもかかわらず、怖いくらい毎月のお金は振り込まれていた。多分、振り込みを止めることすら忘れていたのだと思うな。

夏が過ぎ秋がくる頃、平良ちゃんがキッチンで、海老の天ぷらを、お店のように上手に揚げていた時に自宅の電話が鳴った。

あたしは、ダイニングルームに座り、平良より一足早くアジの開きに箸をつけて、生まれて初めて経験する幸福を噛みしめていた。

スピーカーホンで留守番電話がアナウンスされ、ピー音と同時に自動的に録音テープがセットされた。誰からの電話か、確認してから電話を受けることにしていたからだ。

ピーッ。

はいどうぞ。

「もしもし、杉山ですが」

あらま、お久しぶり。なに？

「なんかそちらの部屋で、毎日ずいぶん賑やかにされているそうですが。本日、管理会社の方から連絡がありました」

ふーん。

「つきましては、突然ですが、今月中に、そちらを退去されたく……」

な、なぬーっ！

なんてなんてなんて、なに言ってんの。

キッチンで天ぷらを揚げていたはずの平良も、一大事に手を止め、気が付けば、二人して受話器に耳を付けるような体勢になっていた。もう一回聞いてみよう。でも結果は同じだった。

これはヤバい。生命の危機だ。来月も再来月もずっとこの幸せが続くと思っていたから、お金なんて全然残してない。真っ青になった。


結局、この一件で、あたしの華麗なる東京生活は終焉を迎え、大阪に戻らざるを得なくなってしまった。

別に大阪に戻らなくてもよかったのかも知れないが、相手は大物だったたし、良い人を怒らせてしまったと考えたから、とりあえず、もう東京にはいられないと思った。怖かったから。

意外にも平良はあたしについて、三匹のプードルと一緒に大阪へやって来た。

三匹のプードル犬は、武蔵小山の商店街で出会い、家族になった。そもそも三匹も飼うつもりはなかったが、結局ペットショップのショーケースにいた三匹全部を連れて帰ってきてしまった。

あたしは、平良との間に人生で初めて赤ちゃんを授かった。しかし、あたし達の赤ちゃんが、世の中に誕生する権利を、親であるあたし達の都合で勝手に奪い、尊い命を握り潰した罪悪感を慰めるために三匹も飼ったのだ。

よく考えたらバカだったね。最後まで長生きした犬は十七年も生きた。
あのときの赤ちゃんを生んで育てていたらそのときには十七歳になっていたのに。

第四章

『原色の街』

大阪での日々

約一年半ぶりに大阪へ戻った。約十歳上のインターポールに追われていた男と、犬三匹を連れて。大阪は相変わらずだった。

平良と犬たちとの生活は本当に幸せなものだった。

しかし、あたしは時々、単身東京へ出向いた。東京を出る前に知り合った中村という男のひとに会いに。時にはその人の海外旅行にも同伴した。

大阪から週一の頻度で会いに行く。

その日の大阪は暖かかったから、薄着で中村さんに会いに行ってしまい、東京の寒さに小さく震えていたら、何も言わずにブティックへ寄り、一千二百万円もの毛皮のコートをサラッと羽織らせてから夕食に向かうようなひとだった。

あたしは十八歳。

平良には中村さんのことは黙認させていたが、まさかあたしのあずかり知らぬところで、この二人が話し合っていたなど、後から聞くまで夢にも思わなかった。

中村さんに平良から電話があり、あたしを愛していて、いずれ結婚するから、あたしとは早々に別れてくれと懇願してきたそうだ。で、自分にチャンスを与えてくれと。資金さえあれば絶対に事業に成功して、中村さんのようにあたしを愛せると。あたしを幸せにしたいから、投資してくれと図々しいことを申し込んできたらしい。そういえば平良の手帳には、（また東京へ行った……今回はいつ戻るのだろう）とか、書いてあったなー。

平良と中村さん二人ともと別々になり、何年も過ぎてから、中村さんからそう告白されたのだった。どうして教えてくれなかったのと聞いたら「男の約束」だったから、だって。

かたやLSDの密造密売でインターポールに追われ、逮捕ギリギリのところでイギリスから逃亡してきた美容師くずれの二十八歳のホストと、かたや鎌倉育ちでロスアンジェルスの屋敷を二十億円で買おうかどうか迷っている四十五歳と、共通点はあたしだけしかない二人なのに！

その二人があたしを挟んで「男の約束」をしていたのか。あたしはそれを聞き、愉快になって思わず吹き出した。

「で、結局は平良に投資か融資をしてあげたの？」

あたしはその話の続きを興味津々で聞いてみた。

「しないよ。おまえを幸せにするのに何で俺からなわけ？　お前さんも男なら、自分の力で幸せにしてみろよと言ったよ」

「ふーん。じゃあ平良は何て言うたん」

「解りました。俺も幸せにできるように頑張りますって」

「で?」

「で、中村さんは家庭があるのに、別れてくれないのはズルいし、フェアじゃないって。俺におまえと別れろって」

「で?」

「俺は別れないよって、言った」

「そしたら?」

「別れてくれないなら、その代わり、自分が電話したことは秘密にしてくれと」

「それが男の約束というわけやな」

「そんなとこだ」

「何も知らなかったのは、あたしだけだったというわけね。全く」

あっはははははは。また二人で大爆笑した。色んな意味で、懐の深い男だった。

「平良くんはどうしているかねえ。ちょっと、久しぶりに面白い男だったけどな」

「まあね」

「伸びているといいな」

「うん」

「それで、いつか三人で飯を食べるかい」

「いいねー、楽しそう」

あっはっはっはっは。

本当に、いい男だった。


あたしは十八歳で愛人と恋人を得ていた。いや、愛人と夫か、夫と妻か。

とにかくそんな生活を送りつつ、大阪の家も連日、友達で一杯に溢れて、心を分つ親友、多恵ちゃんもすぐ近くにいる。日常的な愛に満たされ、時には洗練を極めた大人の男と子供みたいに戯れる。友からは、誠実という木が育んだ実を与えられ、自由で、最高に楽しかった。なにもかも絶好調だった。

夜遊びから帰って化粧を落としていると、平良がもう一度美容師になって働くと言いだした。てっきり寂しくなってそのうち東京に帰るかなと思いきや、ほんとに大阪の美容室の求人に片っ端から当たり、ついに仕事を決めてきた。

彼はヨーロッパや東京と比べてギャラの違いに愕然とし、不満を言っていた。

現金支給されたお給料袋は封を開けずに手渡してくれた。二十五、六万円だったかな。毎月容赦なく使い切ったが、平良は嬉しそうだった。お金は東京から流れてくるんだから、別に働かなくても良かったのだが、平良の、男の勤労意欲とプライドを殺《そ》ぐのは止めた。

平良は、あたしの友達と仲良くなって、溶け込んでいた。昼間は美容師で、夜はミナミのあたしの友人のバーでアルバイトをしていた。

元総長と小さな娘

ある日、多恵ちゃんと遊ぶことになり、待ち合わせ場所に行くと男の友達が一緒だった。多恵ちゃんは、北新地の超高級クラブでアルバイトをしていて、その男の人とはそこで知り合ったらしい。

「野山榮澤《えいたく》です。よろしく」

礼儀正しい感じだった。

これを機に、たまに三人で会って遊びに行ったりした。行き先で合流することもあった。

野山ちゃんは小柄で、愛嬌があり、人当たりも良いのだが、実は関西暴走族を組織化し、全国の暴走族をまとめた日本狂走連盟の初代総長で、カリスマ的な存在だった。

そして、行くところ行くところで偶然会ううちに、付き合おうって申し込まれて。

多恵ちゃんに許可を貰っておいでよ、そしたらOKと言っておいた。一応、筋は通さんとね。

あたしが十八歳で、野山ちゃんは十四歳年上だった。

平良は職場で告白された女の子と仲良くなっていたので、同じマンション内にもう一つワンルームタイプを平良の独立のために借りてあげていた。後に平良はこの女の子と東京に戻り、一緒になったらしい。

中村さんとも、京都で会う約束をすっぽかしてしまい、それ以来連絡しづらくなっていた。

野山ちゃんとはよく長距離ドライブをした。彼はあたしに車の運転を教えてくれた。仮免を取ると、黒のランボルギーニで練習させられた。彼は、素晴らしい運動神経と、運転技術を持っていた。若かりし頃、暴走族総長時代にはニュースに特集で出演していたりして、果ては写真集まで出版されただけのことはある。

あたしは未だに車や単車に触れると、野山ちゃんの教えを思い出す。

宝石とか車とか色々貰ったけど、車の運転を教えてもらったこと、助手席で経験して身についた情報が一番役に立ったかな。生まれ変わったら今度は絶対にレーサーになるべきひとだと思う。

荒木経惟さんに撮ってもらった写真

野山ちゃんと度々くっついたり、離れたりしていて、ちょうど何度目かの別れを考えていたところ、友人から、モデル事務所に所用があるからついて来てと頼まれ、行ったら、何故か次の日からあたしがその事務所のモデルとして働く話になってしまっていた。

責任のある事も言ってもらえたし、良さそうな女社長だった。波長も合うことから大阪に留まってモデル業をやってみることにした。小学校の時に街でスカウトされ、父に反対され潰されてしまった夢とあこがれの場所に再び近づいた気がした。そして、思ったより忙しくなった。新人なのに、いい仕事ばかり決まった。

とにかくモデルの仕事は楽しかった。考えていたよりも肉体労働だし、体育会系だ。ホステスの時と比べて稼ぎは半分だったけど、あたしには向いていた。マネージャー達とも仲が良く、写真展やイベントなどにも誘ってもらい、よく一緒に顔を出した。どこに行ってもみんなに可愛がられた。

ある個展に行って、マネージャーの知人のカメラマンを紹介された。近々、作品撮りに協力してほしいと頼まれたので、引き受けた。その時のヘアメイクが恵中くんだった。背が高くて、髪は肩くらいまでで栗色でフワフワの毛。仕事に取りかかると、長い髪を一つに束ねるが、ウェーブのかかった前髪が、一筋だけ顔にはらりとかかっていて色っぽい。メイクをされながらドキドキした。

その日の撮影が終了すると、そのクルーで、難波の「クラブＱＯＯ」にくり出した。その夜は八割くらいの入りだったろうか。そんなに混んではいなかった。

あたしは全てが赤い色で統一されたバーの隅にいて、気になっていた恵中くんを目で追っていた。恵中くんは向こうでカメラマンや、美容業界の知人と立ち話で談笑していた。一人ぼっちで手持ち無沙汰だけれど、ハウスミュージックじゃ踊れないなーなんて考えていたら、「アラーキーがいてるらしいで」という囁きがそこかしこから立ち上がった。一緒に来ていたカメラマンも、あたしのところへ戻ってきて、興奮を隠せない様子ではやしたてた。

「荒木さんが来てて、写真撮ってるらしいわ。知ってるやろ、荒木経惟」

あー、なんかちょっとエロかったりする写真を撮るひと。

向こうでは人だかりができて、大騒ぎになっていた。壁際に寄りかかって騒ぎの成り行きを見守っていたら、その一団がバーコーナーにゆっくりと移動してきた。人の輪の中心にいる人物がチラチラと垣間見えるが、ここからではは っきり見えない。止まったり、歩いたり、よく動く。

ふーん。

視線を外し、恵中くんはどこに行ったのかなーとかボンヤリ考えていたら、次の瞬間、あのアラーキーがあたしの目の前にいた。

「見つけた！」と言うやいなや、カメラをかまえて写真を撮り始めた。なにがなんだかよく解らないが、あたしは写真を撮られていた。

ビッグネーム相手に不思議と緊張しなかった。むしろ心地が良かった。

落ち着いているがテンションは上がっているという、ベストなテンションでセッションできた。

変に舞い上がらないでいられたのは何故か。今も不思議に思っている。

一通り写真を撮った後、荒木さんは、ある写真集のために大阪に滞在していると言った。あたしにはその場にいる全ての人たちから羨望の眼差しが向けられていたのを少なからず感じた。

タイトルが『原色の街』という、大阪が舞台の写真集を撮りおろすために明日、明後日の予定で大阪にいるが、その写真集に載せる写真を撮りませんかとの趣旨を出版社の方から申し込まれた。スゴいと思った。大阪では、街中で何気《なにげ》に過ごしていて、なかなかこんな大物と遭遇する機会などない。だけどあたしは一応プロのモデルだ。一人で決められないから五分だけ待って下さいとお願いした。

マネージャーの西田に電話するが出ない。留守電も無反応だ。そうだ、お盆休みは田舎に帰るって聞いたような。

このチャンスにどう対処するか。

マネージャーに連絡が取れないので、取れてからまた連絡します、なんて言えるのか。天下のアラーキーを相手に！「また今度」なんて、そんな値打ちこいたこと言えるのか、あたし。今度なんてない。この縁を見過ごせない。

そして自分で判断した。荒木さんに撮られるのは心地良かったから。荒木さんは何も要求しなかった。笑えとか、ああして、こうしてとか何も。

あたしがあたしでいて、あるがままにただそこに存在していても荒木さんはシャッターを切った。

商業写真とか、広告とか、芸術作品でも前衛的な加工を施したものしか経験が無かったから、装ったものではなく、人間像を撮るカメラマンを初めて知った。あたしがあたしでいても許された。

この夜は、荒木さんや、編集に携わっている出版社の方と少しだけ個人的な話をした。自分の幼い頃の話や、とても気になっている恵中くんが今夜いまここに来ていることも。荒木さんは恵中くんに、

「明日、一緒にくれば」

って声をかけた。

出版社の方からは写真集『ジャンヌ』をいただいた。

「帰ってから、ぜひ見てみて。荒木さんの若かりし頃の幻の作品」

家に帰ってから『ジャンヌ』を開いた瞬間に衝撃が走った。作品から発せられる圧倒的な才能に、そのままその場に蹲《うずくま》ってしまい、荒木さんの持つ洗練された生と死の感性に強烈に惹かれてしまった。

時代のアートが全てその写真に集約されていた。多くの情報と関わりがつまっていて、それがポップに、されどしっかりとした陰影に表現されていた。これがそんな昔の写真だなんて。普遍

的なものはアートにあるのか。もしくは普遍的なものがアートになるのか。

軽いショックを受けた後、うちにも荒木さんの作品があったのを思い出し、友人のお姉ちゃんの写真集を取り出した。確か荒木さんとの作品だったはずだ。ちゃんと見たことがなかったが。

改めて写真集『恋愛』のページをめくって見た。素敵な写真ばかりだった。荒木さんの違う一面も、被写体の違う一面も見ることができた。

ノスタルジックで、センチメンタルな写真。奇麗なのだけれど深い。暗いといっていいのか。やっぱりどこか陰がある。追憶のような。遺影っぽいというか、死を感じさせるものだ。でもそれは逆に、生を強烈に感じさせるものであるからとも言える。

荒木経惟、アラーキーってこういう写真も撮るんだな。それが正直な感想だった。

御堂筋に面したモダンな内装のタイレストランでは、食事をしながら写真を撮った。あたしの生い立ちや、恵中くんに対する気持ちを荒木さんや編集者に話していると、恵中くんがドアを開けて店内に入って来たのが小さく見えた。ちょうど、

「彼にもあなたに対して、そういう気持ちがあればいいね」

「はい」

「気持ちを話してみて、彼の気持ちを確かめてみたい?」

「そうですね。どう思っているのか訊いてみたいです」

「もしも、お互いに相思相愛だったら素敵だね」

なんて話していた時だった。

そこで女性編集者が、着席して間もない恵中くんに、

「なんかね、マリカちゃんは恵中くんのことが好きらしいよ」

続けて、「恵中くんは、知ってた?」と超直球で聞いた。

彼は全く動じず、「いいえ。だけど、もしかしたら……とは思っていました」と答えた。

「恵中くんはどうなの」

ええええーーーーーっ、もう聞くの?

早っ! ポーカーフェイスを装おうとするが、もはや誰の顔も見られない。

「彼女はまだ若いので、年が離れ過ぎているかなと思いましたが。でも、初めに会った時から可愛い子だなと思っていました」

そうだったんだ! 臆することなく言ってくれたので、気持ちがまた大きく盛り上がってしまった。あたし達の気持ちを見抜いた荒木さんがカメラを持って立ち上がった。

「いいねえ。恋だね、恋」

カシャッ。カシャッ。

「今、この瞬間から君たちの物語は始まった」

荒木さんの叙情的な言葉に、ひとの人生の刹那をひどく感じた。

瞬間的恋愛行為の写真は撮れた。あたし達二人の人生の刹那を、荒木さんがフィルムに焼き付けてくれた。あたし達が同じ時間を生きた時間の証として。

写真集『原色の街』。

そこには二十歳のあたしがいる。


さて、恋愛写真は撮った。

後は会社に何て報告するかだった。現実問題、際どく絡んだものもあるからだ。

「由実ちゃん。あのさ、あたし、お盆にアラーキーに会って、写真を撮った」

デスクの後ろから近づき、耳元で彼女にしか聞こえないように話した。

「なんて?」

持っていたペンを握ったまま、デスクチェアーを回転させてあたしを睨んだ。

「だって、由実ちゃんに電話したけど、連絡が取れなかったから」

ちょっとこっちおいで。

腕を引っ張られ、別室で内容をこと細かく説明させられた。ベテランの西田由実マネージャーは苦虫をかみ潰したような顔色になってしまっていた。

「相当マズいで、それは。とにかく今日は社長おらんから」

と言って頭を抱えた。

自宅に戻ると、ちょうど東京の出版社の方から留守電にメッセージがあり、今回の写真集は、あたしと恵中くんの物語でいこうということになっています、という内容だった。それを聞いたときは胸が躍った。

しかし、あたしにとっては朗報だったが、事務所は全く反対の見解を持った。後日、話し合いがなされた。

あたしは、出版物に掲載されることに意欲的だったが、何と言っても意見は通らなかった。当時の日本は女の裸、ヌードにはまだまだ閉鎖的で、今の時代のように、芸術性を見いだせないでいた。今でこそ、タレントやモデル、女優がヌードを世に送り出すことは珍しくはなくなったのだけれど。

事務所から「マリカ、社長が呼んでるで」という電話があり、すぐに向かった。とうとうこの時が来た。あたしはまだどこかで、社長から、アラーキーの目にとまった事を褒めてもらえるのではないかと期待していた。

だだっ広いレッスン室の中央に、椅子が二脚用意されていた。一つは社長が腰掛けている。窓を背にして、足を組んで、腕組みしている。明らかに不機嫌だ。全身で怒っている。美人だから余計に迫力があるのだ。逆光で表情はよく見えなかったが。

前へ進み、

「失礼しま……」

座ろうとした矢先に何かがあたしの顔面めがけて飛んできた。

バサッ。

「こんなもん送られて来たやないの!」

雑誌だった。社長の手から、あたしの頭部、顔面を経て、床に叩きつけられた雑誌を拾う。「芸術新潮」。

「その本を広げて、自分の姿がどんな写真になったか、見てみい」

ページをめくって、景色を探す。

ああ、こんな風になっちゃった訳ね。これが使われたのか。これが、もうすぐ写真集『原色の街』になるのか。

「あんたな、銀行のCMが、まだオンエア中やねんで」

「はい」

「それがどういう事か解ってないの。訴えられたらどうすんの、他の仕事も！」

「はい……」

「あんたは何も解ってない。あたしは、あんたをこんなもんに出させるために今まで育ててきたんじゃやない！」

「でも、裸っていうても芸術新潮やし、荒木さんやし……」

「あのな、百歩譲って、あんたの裸だけならまだしも、これは相手がおって、絡んでるもんやんか！」

「……」

「いくら芸術とか言うたところで、これはただのエロ写真以外のなにものでもない。あんたは何をやったと思ってんの！　自分のやったこと解ってんの！　取り返しのつかない事なんやで」

「はい……」

「無責任すぎる！」

「すみません」

「こんな風に利用されて！　今後の仕事にどれだけ差し支えがあると思ってるの！」

「でも……」

「でも？　でもって何よ！」

「あの、それは、物語性を重要視して……それで……」

「あんな、あんたはまだ子供やから何にも解ってないねん！　ええようにされてしまっただけやんか。まだ解ってないんかいな！」

「ええようにされたとか、そういう訳ではないと思います！」

「まだそんなこと言うの！　呆れたわ。もういい。今回あんたの身勝手な行動のせいで、どれだけみんなに迷惑をかけたと思ってるわけよ。ぜんぜん解ってないみたいやから、明日からの仕事は全部キャンセルや！　もう現場に来なくてもよろしい」

「……わかりました」

「わかりました？　わかりましたって、何がわかったん」

「迷惑かけて本当に済みませんでした。自分の判断で勝手な事をして、皆さんに迷惑をかけてしまいました。その責任を取って辞めます」

他に責任の取り方が解らなかった。

今考えたら、もしかして社長はあたしが赦しを請うのを待っていたのかもしれない。だが、クビになったのは事実だ。社長の言うことはよく理解できた。あたし達モデルのために、日々厳しい営業をして仕事を取ってきてくれているスタッフを裏切ったと責められても無理はない。申し訳なさすぎて「赦してください。今まで通り続けたいです」とは言えなかった。

しばらくして、『原色の街』が出版され、送られてきた。ページ数も減ってしまっていて、思い描いていたものとは違った。あたしにとって、すごく不完全燃焼なものがカタチに残ってしまった。

多恵ちゃんと過ごした日々

「ちょっと！　大阪に帰ってきてるなら連絡くらいしてきなさい！」

ピシャリ。扇子で頭を叩かれた。遊びに行った先であのママに偶然会った。

潤子ママ。上原潤子その人だった。

「あんたなあ〜あれからあたし、大変やってんから」

伊藤管長の事件からだから、六年ぶりだったろうか。キツい口調とは裏腹に、態度は情に溢れていた。潤子ママは、電話番号は変わっていないからと言ってくれた。

ちょうどそのタイミングで、絶交されていた多恵ちゃんから電話があった。彼女はあたしに謝ってきた。

あたしと会っていない間に、多恵ちゃんが面倒を見てもらっている米丸という、不動産業のすごく歳上の彼氏と、自分の母親と、結構な泥沼関係を持ってしまっていて、とても悩んでいた。

母親が、彼氏の金と、色と、欲を、娘を媒介にしてコントロールしており、多恵ちゃんは、何とかそこから逃げ出そうと足掻《あが》いていた。それに付随して、異母姉、妹、最近の女友達にも不満を持ち、失望していた。

多恵ちゃんの母親は、ほんの何年か前に、多恵ちゃんと、当時小学生だった妹を捨てて家を出たくせに、自分の産んだ器量の良い、性格の良い娘たちに資産家の男がくっつく度に近づき、干渉して、管理した。

娘たちの、母恋しさを利用し尽くしていると感じてはいたが、あたしは何も言えなかった。

多恵ちゃんは、男と手を切り、お金の問題を解決するために、また北新地のお店「ピアジェ」でアルバイトをしていると教えてくれた。

二十歳やそこらで、派手で景気の良いお客に身受けされて店を辞め、相当な贅沢三昧を経験して出戻ってきた彼女は仲間から冷たい態度をとられるのだと訴えた。久しぶりに会った多恵ちゃんは、お酒を飲むようになっていた。

多恵ちゃんは、風当たりの強い勤め先を辞めて、あたしと一緒に働きたいと言い涙ぐんだ。あたしは潤子ママに相談した。

そうして、潤子ママの勧める「クラブ　カーメル」で、ママの口添えで、あたし達は共に働くことになった。

あたしと多恵ちゃんには精神的な支えが必要だった。早く安定させましょうということで意見は一致していた。

夜、潤子ママに誘われて遊びに寄った店では、白髪の紳士が小宴を開いていた。見事な白髪だったが年はまだ五十代半ばだと言った。ママはあたしのタイプを知っていた。

その場には錚々たる店のママ、またはその代わりの役割の人が取り巻いていた。潤子ママがあたしを紹介すると紳士は、

「やあ、初めまして。高橋です。綺麗ですね。モデルさんかな。僕の横に座る？」

ママの顔を見たら座って良しの合図。

「マリカです。潤子ママの紹介で、明日からカーメルで働きます」

まわりの態度に、この人物が相当の立場にあると察知すると同時に、この男と付き合うことになると予感がした。

どうやって男を選ぶのか。そんなことを言われても解らない。裕福で、容姿も良く、社会的に地位のある人に口説かれてもそうならないときもあるしね。好きになれるか、なれそうもないか。好きか、そうじゃないか。それだけ。

あたしはこの「区画整理とまちづくり」という土地開発をしている、半官半民の男性と付き合うことにした。同時期、多恵ちゃんも、お父様が船舶関係の超有名人で、その関連会社を営む男

の人から申し込まれて、新しい付き合いを始めていたのだった。

しばらくしてから、あたし達はお互いに自分の部屋を確保しながら、お互いの旦那に福島区の同じマンションを上下で借りてもらった。

あたし達はその部屋にはバカみたいにお金をかけた。あたしは一脚百万円の椅子を何脚も買い求め、多恵ちゃんは一本百万円のチェストを何本も買った。シャンデリア、コーヒーテーブル、カーテン、ベッド、サイドチェスト、ランプ、スタンドランプ、リネンなど、高級マンションとはいえ、賃貸の部屋に最高級の物だけを備えた。仕上げに、潤子ママのベッドルームにあったのと同じく、ブラックグラマの毛でこしらえた素晴らしいベッドカバーがどうしても欲しくて、それを手に入れ、ベッドにかけて完成させた。

人の住まないモデルルーム。いくら綺麗に飾っても、愛のカケラもない部屋は寒々としていて居心地が悪いものだ。

結局この部屋に誰かが入ってセックスをする事は一度もなかったし、お風呂を使った事もなかった。

あたしと多恵ちゃんは、幼い頃から自分達の身にふりかかる不幸と寂しさを払うようにお金を使ったし、使わせた。明日はどうなるか解らないような頼りないものであるからこそ、せめてそうやって自分達の権利と存在価値を目で見て確かめたがっていたのだと思う。

なんでいつも本当に欲しいものは手に入らなくて、本当に必要なものは与えられないのだろう。これは、そのことの代価なのかも知れない。ならば、より大きなものでなくては埋まらない。うまく言えないが、なんかそんな感じだった。

お互いの存在の重要性を再確認して、解りあえる親友同士が一見気楽な暮らしを送っていたある夜、仕事が終わり、帰り支度をしていると、潤子ママからご飯に誘われて、先に行って待つように言われた。あたしと多恵ちゃんは、大好物の焼肉レストランで、今か今かと潤子ママの到着を待った。遅れて来たママはものすごく憤っていた。たった今、店を辞めてきたという。プライドの高い人だったし、訳は話してくれなかったが、口に出す時は決めた時の人だから、余程のことだったのか。

「もうあたし、自分で店するわ。あんたらどうする？　あたしについてくるか」

いつになく真剣だ。

「わかった。ママについていくわ、な」

多恵ちゃんを見るとゆっくり頷いた。

しかし、このときは既に二人とも旦那を避けていたので、今の店を辞めると収入がなくなる。

「で、二人とも、気持ちが終っている旦那とは一緒にはいられないみたいだし、その間の生活もあると思うから、贅沢はさせられへんけど、その間の家賃と食費くらいは待機中の給料としてあたしが払うから安心しなさい」

「ほんまに！」

「二ヶ月ほど二人で遊んどき」

ほんとうにこの人は、そこらのオッサンよりも男前なオバサンだった。後に世話になる由美子ママも、負けず劣らずの太っ腹だった。

世の中こんな人ばっかりではないと思うが、とにかく二ヶ月間は給料が保証され、誰にも干渉されず自由に時間を使える。次の職場も決まっている。時間にゆとりがあるうちに、色々あった女同士で、初めて旅行に行くことになった。

とりわけ、人間関係に悩んでいた多恵ちゃんに気分転換をさせたかったのだ。

多恵ちゃんの希望で、当初、彼女の元彼、青木くんが居るＬＡを訪ねようとしたが、その彼がハワイに行っていて留守だった。

旅行は次の機会にすればよかったと、この先どれだけ悔んだことか。

第五章

「運命ってなに？」

ニューヨーク事件

「青木くんがおらんのにLAに行っても仕方がないな。ニューヨークにしよか。久しぶりに」

あたしも多恵ちゃんも、ニューヨークへは何度か別々に行っていた。あたしは、あのパワフルな街が、多恵ちゃんに栄養を与えてくれるのではないかと期待したのだ。二週間ほど滞在する予定を立てた。

「そうだ！　ファーストクラスで行かないで、プラザにも泊まらないで、もっとモダンなデザイナーズホテルに泊まって、ブラックデニムにブーツを履いてってゆう、一回くらい普通の、年相応の旅をしてみようよ」

「ホテルはそれでもいいけど、ほんまにエコノミーで行く気？」

多恵ちゃんは火を点けたばかりの煙草をもみ消した。

「本気やで。通訳なし、ガイドなし、男なし、世話係なし。自分達だけ。そういうのもやってみよう」

「だけど初めてやもんな、そういうの。ドキドキするわ」

多恵ちゃんは、飛行機のクラスには少々不満そうだったけど、結果的には、あたしの提案をのんでくれ、目をキラキラさせて笑顔を見せた。

潤子ママは、ニューヨーク行きに反対しなかった。あたしには、マンハッタンに柳さんという心強い知り合いがいたし、ほんの僅かの間だが、カーメルで一緒に働いたことのあるミユキちゃんが、「藤澤」という日本料理屋を彼氏に任されているようで、その店もやはりマンハッタンにあるらしいからだ。それに、老舗ライブハウスの「ネストサルーン」のオーナーの梅ちゃんも、同時期に仕事でニューヨークへ行くと言うではないか。「時間が合えば向こうで会おうぜ」とのこと。

楽しそうな予感で一杯だった。

出発の二日前、真夜中に自宅の電話が鳴った。

「マリカ、あたしあたし。ミユキ」

「ああ、ミユキちゃん。どうしたん。ニューヨークに居てるんとちがうん？　何であたしの電話番号を知ってるんよ」

「電話はニューヨークからかけてる。いやあ、マリカが多恵ちゃんとこっちに来るって聞いたから。いつ来るん？」

「明後日、全日空の朝の便で到着するわ」

ミユキちゃんは、あたし達のニューヨーク行きを、誰から聞いたとも、どこから電話番号を得たのかとも、あたしの問いには答えなかった。

あたしも多恵ちゃんも、ミユキちゃんとはご飯に行ったこともないし、お茶を飲んだことすらない。いきなりかかってきた電話でこんなふうに話すのも違和感があった。特に友達というわけでもない。ミユキちゃんの、少々エキセントリックな性格に距離を置いていたからだ。多恵ちゃんは当然、あたしも案外と保守的だからね。

「ニューヨークへは買い物？　何か欲しい物でもあるの」

「今回は特にないけど……ああ、バーグドルフのクロムハーツには行くかな。ライダースのジャケットが見たいから」

「お金、いくらくらい持ってくるつもり？」

「キャッシュで二百万円くらいかな」

「そう。多恵ちゃんも？」

「多恵ちゃんがいくら持って行くのか知らんけど、多分、同じくらいじゃないかな」

「そっか。じゃあまたこっち着いたら、よかったら連絡してよ」

「うん。わざわざありがとう。もし時間できたらお店に寄るようにするわ」

「じゃあね」

「バイバイ」

関西空港から成田経由の全日空でニューヨークＪＦＫ空港へ向かう。

二人とも、リュックサックに貴重品と身の回りの物を詰めて、中身がスカスカのバゲージを一人一個ずつ。身軽な旅仕度だった。

ＪＦＫ空港に飛行機が到着後、入国のイミグレーションに並ぼうとすると、アジア系の地上係員の女性が、プラカードにあたしの名前が書かれたものを掲げ、怪しい日本語で叫んでいる。

「コノカタ〜オシラセクダサ〜イ。オネエサン、ソトデマッテマ〜ス」

あれ、あたしの名前やんな。

「はい。わたしですが」

怪訝な顔で声をかけた。多恵ちゃんは心配そう。

「ア〜アナタ、マリカ？　ノーチエックオーケイ、ノープロブレムデ〜ス。コチラヘドーゾ」

「は？　ノーチエックだって。誰の仕業だろ。オネエサンて、誰のことよ」

「わからん」

「柳さんが、誰かよこしてくれたんかな」

「多分そうやわ」

案内されて、到着出口を出た先に、オネエサンの正体が立っていた。

「サプラーイズ」

「なんや～ミユキちゃんかいな。びっくりするやんか。お姉さんて、誰のことかと思ったわ」

「アハハ。びっくりした？　驚かせようと思って」

「ほんでわざわざ一昨日、あたしの家に電話してきたんや。到着時間と、飛行機の便名を知るために」

「そうそう」

「久しぶり～」

「ほんまに」

「ミユキちゃんは、多恵ちゃんを知っていたよね」

「あ、うん。知ってる。久しぶり、元気？」

「ありがと。久しぶり」

「迎えの車を用意してあるねん。あれ」

指差したところには、真っ黒などでかいリムジンが停車していた。きちんと白い手袋をしたアジア系の運転手が、バゲージを車のトランクに積み、あたし達も後部座席に乗り込んだ。

「スゴいな。もう、こっちきてどれくらいになるん？」

「かれこれ二年かなあ。行ったり来たりで」

ピンクのシャネルのツイードのコートに、ジーンズを合わせていて素敵だ。いかにもアッパーサイドに住む、成功した、または成功者に愛される者の姿を具現化した、分かりやすいサンプルのようだった。

移動の車中では大阪はどうとか、差し障りのない共通の話題を経て、ミユキちゃんは、昔の彼の話を始めた。

ミユキちゃんの昔の彼は、伝説のサーファーだったそうだ。それは噂で聞いたことがあった。彼女がニューヨークに来ることが決まった時、別れ話の際にお金を無心してきたので貸してあげたら、それをドラッグの仕入れに充てたらしく、見つかって、捕まったという話をあたし達に始めた。そして、刑務所にいる彼からの手紙を見せてくれ、号泣し始めた。鼻水を垂らし、黒い涙を流して見せる。

会ったこともない人の話だったし、ミユキちゃんの私生活にも関心がなかったのでピンとこなかったのだけれども、なりふりかまわず泣くミユキちゃんを目の当たりにしたら哀れで、流石に可哀想に思えて同情した。多恵ちゃんは、ミユキちゃんの行動、行為の全てに完全に引いていた。シラーッとして、露骨に冷ややかな態度を見せていたな。確かにミユキちゃんのその様子は、さほど親しくないものには不快で、不様な姿だろう。

愚かな姿を見せ、醜態を晒すのは、心安い友人に見せるものである。そうでなければ、ただの困った人になる。まあだけど、大概において、人は、自分に弱みを見せた相手に無防備になりがちだ。この時、あたしがそうなったように。

どうしようもできないので、一頻り泣き止むのを待った。

あたし達を乗せたリムジンが、ブルックリンブリッジを越えたあたりで、ミユキちゃんが初めて訊ねてきた。

「ホテルはどこ?」

「パラマウントホテル」

「ブロードウェイかな」

「うん。タイムズスクエアとか、なんかその辺り」

「何で、そこにしたん」

「フィリップ・スタルクやし、デザイナーズホテルに泊まりたかったから」

「ふうん、じゃあさ、その前にちょっと店と事務所に寄ってもいい? 事務所は店の上にあるねん。紹介したいし、お店も見てもらいたいわ」

「でも、あたしら貴重品も持ってるし。できたら、とりあえず先にチェックインだけでもしときたいんだけど」

「うちの店もブロードウェイにあるねん。マリカの言うホテルまで歩いても五分くらいの距離のとこやで。ここからだと通り道やし。なあ、先にちょっとだけ寄ってよ。日本から友達が来るってスタッフにはもう伝えてあるから」

「ええ～そうなん」

「そう。内装にもすごく凝ったんやんか。感想を聞きたいし、お願い」

多恵ちゃんは黙っていた。

「じゃあ、ちょっとだけやで」

今さらこんな所で降りようがない。大きなバゲージが二つと、英語が喋れない、東洋人の観光客の女二人がここで降車してどうしようというのだ。まるで人質だった。

あたし達は何も頼んでいないのに、この時点で、既にミユキちゃんのナビゲーションに逆らうことは出来ない状況に立たされてしまっていたのだ。

ミユキちゃんのお店「藤澤」を出て車に乗ると、ミユキちゃんは明日が給料日なので現金を受け取りに銀行へ行きたいと言い出した。

「すぐ済むから、ごめん」

手を合わせて、拝むようにされた。

「もお～仕方ないなあ。早よしてや」

ブロードウェイから数分の距離を走ると、リムジンは大和銀行ニューヨーク支店前に横付けされた。

「一緒に行こう」

「え？　あたしが？　何しに？」

「社会見学。折角こんなところまで来たんやし。ほら早く、車降りて」

「ええ〜行くのー。ほんまにい？」

あたしは足元に下ろしていたリュックサックを手にした。

「あ、貴重品は車に置いといて。危ないから」

「危ないって……目の前やん」

「いいや、ここはニューヨークやねんで、マリカ。銀行から出たところに拳銃を持った男が『フリーズ』とか本当にあるから。念のために置いといて」

「でも……」

「ニューヨークに二年間も住んでる人間が言ってるんやから、言うこと聞いて」

「わかった」

あたしは渋々荷物を置き、ミユキちゃんに続き、手ぶらでリムジンを降りようとした。

「多恵ちゃん、どうしたん。行こう？」

それまで多恵ちゃんは、ずっと沈黙していた。促されて一旦は降りようとしたが、「あたし、やっぱり車に居るわ」と首を横に振る。

「なんで？　多恵ちゃん、一緒に行こうよ！　本場ニューヨークのエリートばかりの金融の現場やで」

　とミユキちゃん。

「いや、あたしは車に居てる」

「そんなこと言わんと、な」

「いや、いい。興味ないから。あたしは車に居りたい。二人で行ってきて」

　こうなったら、多恵ちゃんはてこでも絶対に動かない。普段は協調性があり、あまり自分から強い主張をすることはないので、いざ、多恵ちゃんがしたいこと、やりたくないことを申し込まれてきた時は、あたしは彼女の意志を尊重するのだ。嫌だと言うものを無理に連れて行こうなんて横暴だし。

「ミユキちゃん、多恵ちゃんは車に居たいって言うてるんやし、行きたくないねんから……」

「わかった。そしたらしゃあないもんな」

あたしは、ミユキちゃんの後に続き、大和銀行ニューヨーク支店へ入った。

三十分ほどして、ミユキちゃんは片手にＡ４サイズの封筒を手に戻ってきた。

「お待たせ～。ごめん、ごめん待たせて」

　再び車に乗り込むと、

「給料を全部キャッシュでデリバリーしてるから、いつも時間がかかってまうねん。これ全部、お給料」

ほらね、というジェスチャーで、片手で封筒を顔の近くに寄せ、シェイクした。すると、中の札束がシャカシャカいうのが聞こえた。

「ええと、このまま座席に置いとくのは流石《さすが》にマズいから、こうしとこうかな」

自分の席のアームレストを上に引き上げて、封筒を座席の間に挟んだ。

「もう一時やな。お腹空いたわあ。ちょうどこの近くに、いまニューヨーカーに評判の蕎麦屋があるねん。SOHOにあって、最高にいい店。ちょっと寄って、食べてからチェックインしよ」

またか。あたし達は、うんざりして直ぐには答えられなかった。

「ここだけ寄らせて。ほんまに最後。ずっと付き合わせたから、美味しいものご馳走させてよ。さっきも随分と待たせたし。お願い。折角ニューヨークで会ってるんだから、色んなお店に連れて行きたいし、な。それに、そこは友達の店やねん。紹介もしたいしね」

えらく熱心だ。かなり強力にプッシュするなあ。車中にあって、朝からずうっと一人で喋っている。久々に日本から知り合いが来て、余程うれしいのかな。疲れたし、思考力もない。

ミユキちゃんは、あたし達のために、わざわざサプライズで空港までリムジンで迎えに来てくれたことだし、こんなに必死に言ってくれて、一生懸命にもてなそうとしてくれているのに、頑なに拒否して親切を受けないのは大人げないし、悪い気がする。それにもう、ここまで来たら一緒か。五十歩百歩。仕方がないな。

多恵ちゃんとあたしは、食いしん坊なので、美味しいものの誘惑に一番弱い。お腹も空いたし、確かにちょっと休憩もしたい。SOHOのイケてる蕎麦屋にも興味がなくもなかった。

「じゃあ行こか」

それを聞いたミユキちゃんは、間髪入れずに、

「そうこなくっちゃあ」

顔をくしゃくしゃにして笑顔を見せ、嬉しそうにテンション高くはしゃいだ。

リムジンが店の前で停車して、運転手がドアを開けた。

「さ、降りて」

ミユキちゃんに促されて、足元のリュックサックを持ち上げ、肩に引っ掛けて降車しようとした。

「リュックサックは要らんやろ。ご飯食べるだけやのに。持って行ってもしょうがないやんか」

「でも……」

「やめて。ここはあたしがご馳走するねんから、マリカも多恵ちゃんも、手ぶらにしてくれててぃいねん」

「だけど……」という不安をミユキちゃんが言葉を被せて遮る。

「このドライバーは、いつも使ってるから大丈夫。ほら、あたしもここに、さっきの封筒を置いて、手ぶらで行くし」

アームレストを上げ、さきほど大和銀行から持って出てきた封筒を見せた。中身は大金が入っていると思われる。そして、また同じ言葉が繰り返される。

「ほんまに危ないねんって」

「でも、なあ」

多恵ちゃんを見ると、彼女も不満そう。

「さっきも銀行で無事やったやろ、リュックサック。何年も住んでる人間が言う事は聞いてよ。間違いないって。大丈夫やってば」

何年も住んでいる人が、ここまで言うんだから、言われた通り、ここに置いておいた方がいいのかなあ。まあ確かに、さっきも何事もなかった。

「早く、行こ。行くで」

「待って」

ミユキちゃんは聞いてないふうに、アンティークショップと、小洒落た感じの雑貨店兼家具屋に挟まった、間口の小さな白いペンキ塗りの狭い階段を、後ろを振り向かずに、どんどん上って行く。

置いていかれて不安になり、慌ててリムジンを降りて、追いかけた。多恵ちゃんも後に続いた。二階なのね。やれやれ。心の中でつぶやいた。

蕎麦屋へ入り天ざるを食べていたら、リムジンが動いた。窓際に座り、食べながら見張っていたあたしは、驚き狼狽《うろた》えながら激しく抗議し、説明を求めた。ミユキちゃんは「そんなに怒りなや。運転手がお腹空かしてご飯食べに行ったか、何か買いに行ったかしてるだけやって」とバカにしたように、薄笑いしながらビールばかり飲んでいた。

しかし、戻ってきたリムジンからはリュックサックが消えていたのだ。ミユキちゃんの封筒は残っており、彼女は「アームレストの下に挟んでいたから気付かれなかったんだ」と言う。運転手を問い詰めると、荷物なんか見ていないと言い張るし、何を聞いてものらりくらりと逃げて答えないし、主張することはデタラメで全く辻褄が合っていないのだから絶対おかしい。

警察を呼んだものの、ポリスコードなる記録を書いただけで去ってしまった。

文無しで、パスポートから、何から何まで無くなったあたしと多恵ちゃん。さっきと変わらぬポカポカ陽気に、あたし達だけ雷にうたれたように呆然と立ちつくしていた。到着して三時間もしないうちに、二人ともスッカラカンになるなんて、誰がそんなことを予想しただろう。一ドルも使う前に、一セントすら見る前に、自分のお金を一度も触ることなく、跡形もなく、すべて消えてしまった。

そもそも、人間関係に悩んでいた多恵ちゃんを励ます意味で、よかれと思い二人旅行を企画したのに、元気になってもらうどころか、ますます消耗させることになってしまい、悔しかった。

ひとまず一通り日本への連絡を終えると、夜になっていた。ホテルのベッドに仰向けになり、天井を見ていると、涙が出てきて止まらない。それを隠すように肘を折り曲げ、顔の上に置いた。

窓に腰掛けていた多恵ちゃんが、ただ一言、

「マリカ、大丈夫かあ」

と声をかけてくれた。

「うん。大丈夫」

あたしは肘《ひじ》で顔を隠したまま返事した。

ニューヨークに滞在中に彼女が発した数少ない言葉の中で、忘れられない言葉だ。今でもはっきり思い出せる。

結局あたしは、ニューヨーク在住の日系及びアジア系のソサエティでは知らぬもののいない柳さんに連絡し、柳さんの所有する超高級マンションの一室に泊めてもらいながら、パスポートの再発行手続きなどをすることができた。事情を聞きつけた潤子ママが、柳さんのＳＪマネージメ

ント社の口座を通して、早速一万ドルずつ送金してくれた。

　ニューヨークの知り合いは、この事件はミユキが計画をして、ドライバーと山分けしたんだろうと、皆しきりに噂していた。

　第三者から見たら、やはりそんなもんなんだろうか。あたしはそんなふうには思わなかったが、リムジン会社の山口社長との最終的な補償についての話し合いの場で、あたし達のリュックに入っていた金額について話し合った時に、ミユキちゃんの態度がおかしいな……と、一瞬だけ頭を過《よぎ》ったけれど、その時は半信半疑で、結局そうは考えなかった。

　当事者は、その時は気付かないことが多いものだ。時間が経過して初めて、冷静に引いて考えることが出来る。あれから現在までに気付いた事、解った事は少なくない。


　ようやく帰国し、到着ゲートを出ると、神戸の異母姉と、当時あたしと親密だった男友達と、それに潤子ママの新店のスタッフが三人も迎えに来てくれていた。あたしの仲間が、みんな心配して空港まで来てくれたんだ。「ありがとうな」。一人一人、全員に抱きついてお礼を述べた。

　さあ、家に帰ろう。

　男友達の車は二人乗りで、それでも無理矢理にあたしの膝に異母姉を乗せたらすっかり定員オーバーだ。

「河本ちゃんは、多恵ちゃん送ったって」

「おっけーい。オレらは多恵ちゃん送るわ。さあ、多恵ちゃん、行こか」

多恵ちゃんが何か言いたそうに、寂しそうな表情をしている。

「多恵ちゃん、こっちの車は一緒に乗られへんやろ。後で家に着いたら電話するから、な」

子供を諭《さと》すように言いきかせた。そのとき多恵ちゃんの返事を聞かなかった。

あたしは、無事に帰れたことに有頂天になっていた。みんなに心配されて、幸福感で一杯だった。

そしてこれが、かけがえのない親友との最後の日になってしまった。

親友との別れ

多恵ちゃんはもう家に着いたろうか。電話の受話器をとり、短縮ダイヤルを押した。

プルプルプルプル。

でないな。あの子の方が早く着いているはずやのに。

留守電になった。ピーッ。

「もしもし、多恵ちゃん？　あたし。まだ帰って……」

「はい、もしもし」

ああ、居てた。良かった。

「無事に着いた? 居てたんかいな。留守電になったから、みんなとご飯でも食べに行ったんかなって、一瞬思ったわ」

あたしは言葉を選んだ。

多恵ちゃんは、あたしとニューヨークに行く直前に、母親と電話で会話中に死にたいと発言して電話を切り、二日ほど失踪した事があったのだ。その日は多恵ちゃんの母親から連絡をもらい、自宅に駆け付けると、豪雨の夜に家中の全ての窓を全開にして、姿を消していた。問題があって別れたという男のタバコが、お母さんの座るリビングテーブルに二つ用意してあるのをあたしは見逃さなかった。灰皿にも、その銘柄のタバコの吸い殻が二本あったのを認めた。

母親と、別れたいが別れられない男との関係を、多恵ちゃんから相談を受けていたあたしは、小綺麗なお母さんのすました横顔にゾッとした。

多恵ちゃんの母親は、あたしが何も知らないと思っている。もし、聞いている事を知っていれば、こんな平然とした顔で対応はできていないだろう、人間なら。普通の神経なら、彼女がやっている事は、母親のやっていることとしては最低なことだからだ。

その夜は雨の中を八時間も探し回った。結局、二日後にフラッと帰ったらしいのだが、着の身着のままで財布も持たず、びしょ濡れの部屋着で戻ったが、母親には立ち寄り先を話さなかったらしい。そんな出来事があったのを思い出したから、在宅を確認して安心した。

「お母ちゃんが……今からこっちに来るって言うてた……。ハァ」

深い溜め息が漏れる。また鬱に逆戻りしているようだ。どうしよう。

「お母さんには、今日は疲れてるからまた明日にしてって言えば？」

「言うたけど、こっちに来るって。それに、お母ちゃんはここの鍵を持ってるねん」

「よかったら、こっちに来るか？」

「うん。……でも、お母ちゃんがこっちに向かっているのに、あたしが居らんかったら、またマリカに迷惑かけるから」

可哀想に。母親に相当やられてるな。

「そんなもん、なんとでも言うたるで。とにかく、来るんなら早くおいで」

「あ、誰か来た！　お母ちゃんやわ。もうアカン……」

ガチャン。ツー。ツー。電話は切れてしまった。そう、永遠に。

彼女を弱らせている原因。彼女から際限なく生気をからめとって離さない核の詳細は、禍々しいその正体は、あたししか知らない。

多恵ちゃんは繊細だが、芯は強かった。彼女が七年間もの間、涙を流して泣いたり、取り乱したりしたのは一度も見たことがなかった。

その彼女が泣き喚きながら打ち明けてきた内容には、あたしでさえも驚愕した。だから、誰でもない、彼女の名誉のため、誰にも話さずにきたのだ。

しばらく待って、また電話してみたが、何度かけても留守電で、声を入れても誰もとらなかった。鬼畜だが、仮にも実の母親だ。多恵ちゃんに暴力危害を加えたりすることはないだろう。あたしは、むこうからの電話を待つことにした。多恵ちゃんは、そのうちお母さんが京都に帰れば連絡をくれるだろう。

しかし、二日が過ぎて、多恵ちゃんから連絡がないのを不審に思い始めた頃、不意に自宅の電話が鳴った。

「もしもし、あたし」

潤子ママだ。午後を回ったばかりなのに珍しいな。

「どうしたん」

「さっき突然に多恵ちゃんのお母さんから電話あってな。いや、それがな、うちの娘がお宅のお店で働くことになっていたようですが、そちらへはやりません。うちの娘はどこにも働かせませんので、お断りします。と、こうやねん」

「そんなわけないやん！　そしたら多恵ちゃんはどうやって生活していくん。今回はホンマにあの米丸と別れたいからって、自分から頼んできたんやで」

あたしは、訳が解らなかった。

「そうやねん。自分の人生やり直したいって言うてたな」

「潤子ママだって二ヶ月分の給料の前渡しもしてるし、今回かてニューヨークに送金もしてくれてるやんか」

「うんまあな、それはそうなんやけどさ。お母さんに、多恵ちゃんに電話を代わってもらえないでしょうかと言うたんやけど、電話は代われへんといって代わってくれへん」

そうとなったら一刻も早く、多恵ちゃんの鬱をつくる原因から、再び彼女を奪還せねばならない。こうしている間にも、あの鬼畜らの餌食にされてしまう。いてもたってもいられなかった。

「何よそれ、あたし、ちょっと今から行ってくるわ」

「まあ待ちいや」

「なんでよ」

「多恵ちゃんのお母さんからはな、もうマリカちゃんには連絡しないでくれと伝えてくれって言われてるんや」

「なんで？　ちょっと待って、それはどういうことよ。何であたしそんなこと言われなアカンわけ？　そりゃあニューヨークでは事件に巻き込まれたりしたけど、無事に帰って来れたんやし。あたし、自分のパスポートの再発行の前に、多恵ちゃんの手続きをしたんやで。あたしは日本国籍じゃないから日本に再入国できないかもしれないって時に！」

「お母さんはな、ニューヨークでのことは、あんたが仕組んだのではないかと疑ってるんと違うかな」

「何をバカな事を！　そんな訳がないやんか」

怒りに胸が震えた。そんなことが事実では無いことは、多恵ちゃんが一番知っているはずだ。ずっと一緒にいて、全て一緒に見てきたのだから。わざわざ否定するのも馬鹿らしい。あたしを疑うなんて、どうかしてるわ。

「それにしても、二十三にもなる娘に朝から晩まで母親が張り付いてるって、どう考えてもおかしいよな。心配を通り越してこれでは監視やんか。つきまとってるの間違いと違うんかいな。ちょっと異常やわ」

あたしは、それには返事しなかった。

河本の運転する車で多恵ちゃんのマンションに向かった。河本は部屋に入ることはできたが、あたしは多恵ちゃんに会うことはできなかった。何度も多恵ちゃんの名前を呼び、ドアを叩き、粘ったものの、とうとう多恵ちゃんのお母さんに警官を呼ばれて、仕方なく帰ったのだった。河本に多恵ちゃんの様子を聞くと、「すごいしんどそうやったで。疲れきってた」と話してくれた。

多恵ちゃんの家に突撃訪問してから丸二日経っていた。

電話が鳴る。多恵ちゃんか。ここのところ、電話が鳴ると多恵ちゃんを一番に思い浮かべてしまう。電話は潤子ママからだった。

「もしもしマリカ!」

「まだ声も出す前に何やの、慌てて」

「よかった。家におったんや」

潤子ママの様子が変だ。

「いてるよ、なんで?」

「マリカ、よう聞きや、落ち着いて聞くんやで」

「うん、どしたん」

「あのな、多恵ちゃんが死んだ。亡くなったんやて」

「嘘や。なんで……」言葉がでない。

「嘘じゃやない。今朝、お母さんが発見したらしい」

「おばちゃんの陰謀やわ! あたしと多恵ちゃんがまた仲良くなったら都合悪いから! 嘘にきまってる」

「マリカ、現実や。多恵ちゃんは亡くなったんや」

「……違う、違う、そんなん嘘や」

「お通夜とかの連絡があれば、またそっちに電話入れるわ」

話す事は何もない。声が出ないのだ。喉の奥に小石が詰まっているようだ。静かに電話を切った。

あたしは事情を知るために事務所へ急いだ。家で待てと言われたが、我慢ができなかった。突然行ったが、潤子ママはあたしを叱らなかった。

少しずつ情報が入ってくるにつれ、あたしの動揺も大きくなっていった。

これは現実なのか。

泣きわめくあたしをジェフリーが迎えに来て、潤子ママの家に連れていった。潤子ママの自宅は事務所の近くにあって、そこは後に潤子ママの夫になったボーイフレンドのジェフリーと一緒に住んでいた。ジェフリーは多恵ちゃんのこともよく知っている。あたしが何度もここに一緒に連れてきたからだ。

潤子ママが帰ってきた。

「マリカ、あんた大変なことになってるで」

上衣を脱ぎ、着ているものを一枚ずつ脱ぎながら、一つずつ話す。あたしは黙ったまま、聞き漏らさないよう慎重に耳を傾ける。

「多恵ちゃんのお母さんがな、えらい剣幕で。多恵ちゃんが死んだのはあんたのせいやと大騒ぎして、言い触らし回ってるで」

何で？　多恵ちゃんが死んだのは、あたしのせいなのか。

「お通夜は今夜、自宅マンションで行うらしい。あたしは今から着替えて通夜に向かう」

「あたしも行く」

「あんたは行かれへん」。ピシャリときた。

「何でよ！」

「お母さんはかなりショックが大きくて、あんたには参列してもらいたくないそうや」

「ちょっと待って。それにしても何であたしのせいなんよ。遺書でもあったん」

「遺書はあったみたいやけど、内容は聞いてない」

「遺書にあたしの名前が書いてあって、それが確かに多恵ちゃんの筆跡なら、内容を教えてもらいたいわ。あたしが多恵ちゃんを自殺に追いやったと決めつけるのならば」

「遺書についてはな、あちらのお母さんがハッキリと喋らへんねん。内容についての公言は避けたいんと違うか」

「やっぱり」

「何がやっぱりやの」

「あたし、お通夜には行くで！　この目で多恵ちゃんを見るまでは信じられへんし。それに、あたしは何も悪いことしてない。多恵ちゃんを傷つけるようなことなんか何も」

「お通夜には、多恵ちゃんのお父さんも来はるやろ」

潤子ママの表情が一変する。

「そりゃあ来るやろ」

「多恵ちゃんのお父さんは……な、知ってるやろ」

「知ってるよ！　当たり前やんか。だからこそお父さんの前で、おばちゃんとあの男が多恵ちゃんに何をしてきたか、聞いてもらうんやんか」

「お父さんもかなり怒ってはるらしいで」

「誰に！　あたしに？　そんなアホな。あたしは多恵ちゃんの彼氏でもなんでもないねんで。なのに何であたしのために多恵ちゃんが苦しんで死ななアカンねんな。どこの世界にそんな、道理の通らん話があるんよ！　あたしが多恵ちゃんから聞いている話、多恵ちゃんの代わりにお父さんに言うて聞いてもらうわ。母と娘の間で何があったか。あたしは誰も怖くない」

「それは解ってる」

「そんなんあのおばちゃんのハッタリやんか！　ママだって解ってるやろう。おばちゃんは、あたしにお通夜に来られて、世間の人に聞かれたら非難されるような、母親として世間体が悪い話をみんなの前でされたら、自分が責められると思て、あたしを悪者にして、お通夜に来られへんようにしようと画策してるんやんか！」

「あんたの言うことは分かるし、気持ちも理解できる。多分、あんたの言う通りの話やとも思う。けどな、あたしも多恵ちゃんがこんなことになって悲しいねん。このうえあんたの身にも何かあったらと考えたらあたしも耐えられへん。あのお母さんの事で、多恵ちゃんのお父さんには聞いてもらいたいことがあるかも知らんけど、所詮、元は夫婦やで。あんたの言うことは信じてもらわれへんかも知れんし、男は自分の女には弱い。あんたが真実をもって白日の下に晒したとしても、男というのはどこまでいっても自分の女の味方や。どんなに辻褄の合わんことでも信じてしまう。あんたも経験あるやろ」

説得力はあった。

「どんな親でも多恵ちゃんには親。少なくともお母さんは娘を亡くした母親やねんから。もちろん保身のためもあるやろ。けど、誰かのせいにしたいんや。あんたが行けば必ず騒動になる。多恵ちゃんを静かに送り出すために、あんたは出席しなさんな」

悔しくて、涙が止まらない。多恵ちゃんが、最後に会いたい友達はあたしのはずだ。

「あんたの分も、しっかり手を合わせてくるから」

ママは静かに立ち上がり、あたしの座る側へとやって来て、そっと頭を引き寄せ撫でてくれた。巷で守銭奴と陰口を叩かれている潤子ママだったが、こんな時のこのひとは、ほんとうに優しい。あたしはママの胸を借りて、泣き止むまで泣いた。

「ママ、なんで多恵ちゃん死んだんやろう」

「たぶん、淋しかったんとちがうか」

「なんで、あたしが居てるやん、みんなも」

「そういう淋しさと違うとおもう」

ママは吸っていたタバコが半分の長さになったのを見て、火を消した。

帰宅した潤子ママは玄関先でお清めを済ますと、あたしへの義務を感じていたのだろう。疲れた体に鞭打って、一息つくことなく話し始めた。あたしは何も質問したりせず、最後まで黙って聞いた。

「まず多恵ちゃんの死因やねんけど……首吊り。首を吊ったみたいや」

ママは、ハァーッと溜め息をついた。続いて、

「発見者はお母さん。やっぱりずっとそばに居ったんやな」

あたしをチラッと見た。あたしは黙って聞く。というか話を続けるように無言で促している。

「お母さんが言うには、前の晩、多恵ちゃんがベッドで先に寝るのを確認してから、お母さんは寝たらしい。ほんで、目が覚めたら多恵ちゃんが……」

あたしはそれを聞くまで、まだ多恵ちゃんのお母さんが多恵ちゃんを殺したのではないかしら、

とどこかで疑っていたが、多恵ちゃんの身長は一七四センチあるのだ。その疑いは消えた。だがそれで、あたしの中で一つだけはっきりしたことがあった。

多恵ちゃんは、自分の母親に当てつけて首を吊ったのだ。あたしの認識では、多恵ちゃんはお母さんに追い詰められていたのだから、彼女がお母さんに殺されたのに変わりはない。

多恵ちゃんのお母さんは、多恵ちゃんのことを、植物と犬が好きな優しい子で、自分のことより人のことを考える、母親思いの慈愛に溢れたいい娘でしたと言って泣き崩れていたらしい。あたしが聞いていたら、確かに皮肉の一つもぶつけてやりたかった言葉だ。それに、慈愛って言葉自体、母親が娘に使う言葉かな。

お母さん、ちょっと芝居がかっていたわ。潤子ママが意地悪く言う。女の眼はごまかせないのだ。行って化けの皮を剥いでやりたい。

「死に顔も見たよ。最後のお別れの時に」

それを聞いてあたしは顔が強張った。

「綺麗な顔だったよ。だけど、唇を噛んだようなあとがあって……少しだけ苦しそうな感じだったわ」

それを聞いたあたしは胃の奥に強い力が入り、体を二つに折り曲げて、腹部を庇うように椅子から転げ落ち、ウウーッと叫んで嗚咽し、泣き叫んだ。

人の心と魂は頭部にあるのではない。体の真ん中にあるのを改めて知った。

どれくらい時間が経ったろうか、潤子ママに鎮痛剤と睡眠薬を与えられて、泥のように眠った。目が覚めると、「多恵ちゃん！　多恵ちゃん！　多恵ちゃんはどこにいったん！　多恵ちゃん、多恵ちゃん、ウワー」と泣き叫び続けた。

何日経ったのかも解らない。起きているのか眠っているのか、意識はその狭間にあり、錯乱していた。潤子ママは困ってしまったのだろう。いつまでも落ち着きを取り戻さないあたしを見て、河本とスタッフを呼んだ。

「あかん。このままではマリカもおかしくなってしまう。ちょっと太融寺さんまで一緒に連れて行って、仏さんの前で手を合わせてきて」

「わかりました」

スタッフらに抱えられて車に乗り、潤子ママの自宅に近い大阪市北区の太融寺へと向かった。両腕をスタッフの首に巻きつけられ、時には腰がぬけたようになりながら、たどたどしく歩く。駄々をこねて、むずがる子供のような姿勢で境内へと進んだ。河本に、

「マリカ、しっかりしい。そんなんでは多恵ちゃんが成仏でけへんで！　ちゃんと仏さんに手を合わせて『多恵ちゃん安らかに』って言うんや」

「多恵ちゃんのところに行く」

「行かれへん。多恵ちゃんは死んだんや」

「多恵ちゃんは死んでへん」

「多恵ちゃんは死んだ。俺も見たんやから！」

そうか、多恵ちゃんは死んだんや。

しばらくマンションに帰っていない。もう四日になろうとしていた。夕べは潤子ママが一緒にお風呂に入ってくれた。

犬たちが、さぞかしお腹を空かせているだろうな。

「ママ、あたしもう大丈夫やから。家に餌をやりに帰らな犬が餓死してしまう」

「ほんまにもう大丈夫やな」

「うん、大丈夫」

河本に送ってもらい、久々に自宅マンションに戻った。

腹を空かせた犬があたしの姿を見つけ、飛んで跳ねて大喜びした。そんなに嬉しいの。よしよし。うわあ痩せたなあ。あまりの大歓迎と、四日間も放置された犬たちの復讐たるやすさまじく、散々なその部屋の様子を見て、完全に現実に引き戻された。対処にあたって、しばし多恵ちゃんの死という現実が頭から離れた。

犬の世話を終えて、部屋の掃除を始めた。犬たちが甘えて、まとわりついてくる。よしよし、お腹いっぱいか。一段落してソファーに腰掛けて、犬たちに癒される。

テレビの上の写真立てが目に入った。そこにはあたしと多恵ちゃんの姿が収まっている。よく見ると、あちらこちらにあたしと多恵ちゃんは一緒にいる。

十三歳から多感な時期を互いに慰め合いながら過ごしてきた大親友。

笑顔で、幸せそうなのだ。

在りし日の多恵ちゃんとあたし。

多恵ちゃんが死んだ。

多恵ちゃんは死んだ。

多恵ちゃんも死んだ。

ぐるぐる、ぐるぐる回る。


留守番電話が点滅している。

メッセージは三十三件になっていた。

その全てが、お通夜に行った知人からの罵詈雑言だった。多恵ちゃんが亡くなったことについての釈明をせよだの、お前が殺したんと同じだの、親友のくせに何故お通夜に来ないだの、来られないのだろうだの、人殺しは現れるなだの、散々だった。頭の中で言葉が渦巻く。あまりにも責められるので、いつしか多恵ちゃんの死はあたしのせいだと思い込むようになっていた。

潤子ママから電話がきた。

「もしもし、あんた大丈夫か」

「多恵ちゃんが、多恵ちゃんが、あたしのせいで……」

気が付くと、潤子ママと河本があたしの部屋に居た。ぼんやりと部屋の中を見回す。何か焼けた臭いが漂っていた。

キッチンのシンクから火が出ていて、ママが何か燃やしている。

「こんなもんあるからアカンねん、全部燃やしてしまう方がいい。河本、ネガも探して」

あたし達の写真が燃やされていた。

「やめてぇ。いやぁあ、多恵ちゃん、多恵ちゃぁん、うぁあ」

押さえられて、気を失った。

目覚めると、ママが側に居た。咄嗟に火元を確認した。ちゃんと消えていた。

「しっかりし。あんたは多恵ちゃんの分まで生きていかなアカン、幸せにならなアカンねん、分かったな」

死んでしまった多恵ちゃんの分まで生きて行くなんて、そんなん嫌や。多恵ちゃんは苦しんで、絶望して死んで行ったのに、そんな多恵ちゃんの分まで幸せになんて、生きて行きたくない。多恵ちゃんの分まで幸せになんて、なりたくない。そんなもの欲しくない。多恵ちゃんは不幸に耐えかねて死を選んだのに。

錯乱が続き、いつ誰が家に来て帰ったのか、何日なのかも定かではなく、ただ、次に目が覚めた時は病院のベッドに居た。

睡眠薬を一瓶ほど飲んで、神戸の異母姉に電話したらしかった。異母姉からの要請で、救急隊が八階の隣家のベランダから窓を破って部屋に入り、救出したそうだ。

起きると、父が居た。久しぶりに見た。

「なんでおんの」

父は答えない。異母姉が洗面用具を持って病室に入ってくると、入れ替わるように席を立ち、ドアの前へ進んだ。

一度だけ振り返り、

「あんた、自分の顔をよく見てみろよ。何か食べなさい」

それだけ言って出て行った。

父は、悲しそうな顔をしていた。

あたしにはそれが、意外だった。

「多恵ちゃんも辛かったやろうが、死んでしまって楽になれたかも知れん。だけど、残されたあんたの方が可哀想や。一生背中に重い十字架を背負《しょ》わされて」

潤子ママが言った。前にも聞いた事がある。十字架か。

「おまえはね、生まれたときから十字架を背負って生きてるんだ。運命なんだよ」

母が遺した家を売った時に、父から贈られた言葉とシンクロした。運命ってなに?

第六章

「パパの子供で幸せやった」

清原くんの言葉

「店の名前は『アナベラ』」

一番初めに開店させた昔の店の名前を再び使うという。由来は、フランスの画家ベルナール・ビュフェの美貌の妻であるアナベルのことだと潤子ママは教えてくれた。

店内には、潤子ママが所蔵するビュフェの絵画を飾るという。

ママは、お店で使う小物やグラス類を選ぶのにあたしを連れ回った。気を紛らわすつもりだったのだろうか。

北新地では多恵ちゃんの噂がなかなか消えなかった。みんな自殺の原因を知りたがり、憶測が飛び交った。

多恵ちゃんの私生活に何が起きていたか何も知らない奴が、もしくは前々からあたしを疎ましく思っていた奴らが、フラれた男が、ここぞとばかりにあたしを捕まえて、糾弾したがっていたのだ。あたしは矢面に立っていた。

「あんたもアナベラのオープンに参加するねんで」

「まだ無理やわ。ママに迷惑かけるかも知れんし」

「かまへん。そんな奴ら見返してやり」

騒動の収まらない時期にあたしを使うという潤子ママの勇気には推服した。ママには迷惑をかけた。恩返しのためにも目一杯働こう。そう誓った。潤子ママにはあたしがそう思うことを分かっていたふしもある。

オープンの日が迫ったある日のこと。

潤子ママから不意に話をふられた。

「マリカ、あのな、ミユキちゃんがこっちに帰ってくるで」

「ミユキちゃんって、まさかあのミユキ?」

「そうや、あのミユキや」

「帰って来るって、どこに?　まさかアナベラと違うやんな」

「アナベラにくる」

「あっちの店はどうすんのよ。ニューヨークの藤澤は?」

「藤澤は経営不振で先月閉めた」

「じゃあ、あたしらが行った頃にはもう閉めるって決まってたってことやん」

「それはあたしには分からん」

「あたし、ミユキちゃんが来るならアナベラ行かへんで」

冗談じゃない。

「マリカ、あたしを虐めなや。しゃあないねん。あたしはミユキに、お金貸してるねんから」

「いくら?」

「一千万」

「……」

「ニューヨークに居たミユキちゃんが、何でママからお金借りてんのよ」

「資金繰り。彼氏と連名で」

「彼氏に返してもらえばええやん」

「彼氏は本業が思わしくなくて、昨日自殺した」

「……ほんまに言うてんの」

「ホンマも嘘もあるかいな。今日がお通夜で明日がお葬式。全く」

「……」

「お葬式には奥さんにも話して、少しでも何とかしてもらわんと。なんかお葬式ばっかりやな」

様々な事情を抱え、「クラブ　アナベラ」は華々しくオープンをむかえた。ミユキちゃんはチーママという肩書きを欲しがり、潤子ママは与えた。お店は一ヶ月ほどで借金のほぼ全てを返済して、順調に利益をあげていた。

ミユキちゃんとはなるべく関わらず、表向きは波風立たせず仲良く振る舞った。彼女は媚を売ってきたが、あたしは私生活では誰とも付き合わず、すべての人と距離を置いた。ミユキちゃんはチーママの肩書きを与えられても酔っぱらってから出勤し、営業中の店内で毎晩のように泣いてはクダを巻き、酔い潰れては客席で寝ていた。

あたしの仕事は絶好調だった。初めはあたしの様子を見物しに意地悪心で店にやって来た者も多数いたが、最高級品で身を固め、お客さんの最高の飲み仲間になり、一緒に遊んで楽しんでもらうことだけを第一に考えて過ごしていると、そのうちに強力な味方も次々と現れて、そんな輩《やから》も消えていった。潤子ママのお客さんの相手をするのがあたしの主な役目だったが、ある夜、遅がけに見えられたお客さんたちと、残った女の子達とドンチャン騒ぎをして、ジュビリーという高級なお酒を三本開けた。ルイ十三世も開けた。他にもピンドンと呼ばれるピンクシャンパンが数本テーブルに並んだ。あたしは歩合ではないので、別にお客達が何をどれだけ注文しようとあたしの収入には関係ないのだ。自分が楽しければ相手も楽しい。楽しもうとすると盛り上がる、盛り上がると自然に売り上げが上がる。ただそれだけのことなのかも知れない。

その夜の宴会は午前三時まで続いた。酔っぱらって、近所のランジェリーショップから下着と水着を大量に持って来させ、大の大人がスーツの上着を脱ぎ、ズボンを脱いで女性物のランジェリーを着用してふざける。ホステスも水着になって踊る。ボーイは迷惑だったろうな。

翌朝、潤子ママから電話をもらう。眠い。

「昨日お疲れさん。片山さん、楽しそうやったな。あんたも大暴れして疲れたやろう。今日はゆっくりでかまへんで。それとな、昨夜のお勘定やねんけどさ……普通にいただくと五百万を越えんねん。だからさ、あんたの方から片山さんに電話してみてくれへん？　金額は四百万でいいわ。四百万ピッタリにしときますってママが言っていたと伝えといて。今すぐ電話して確認とって」

「電話して、昨晩の会計は四百万ピッタリやと伝えればええねんな」

「ホンマは五百万円を越えてますがって、ちゃんと言うてや。ほんで、電話が終わったら、すぐこっちに連絡して。待ってるから」

「はいはい」

ママ、さてはちょっとビビってるな。成金相手と訳が違う。エリートで通る人。

「もしもし、お世話になります。杉本と申しますが片山社長お願いします」

大阪でも有数の観光会社だ。

「少々お待ち下さいませ」

ピロピロピンピンピーン♪

「おう、マリカか。おはよう。昨日は楽しかったなあ。どうした？　勘定のことか」

「うん。昨日の飲み代な、五百万円を越してるんやて。ほんでな、潤子ママが四百万ピッタリで結構ですと言うといてって」

「ほんまか。四百でええんか。潤子め、どういう風の吹きまわしや。いやあ、昨日のあれが四百万やったら安いわ。ほんまに楽しかった。皆よろこんでた。ありがとうマリカ。近々にまた寄るわな。金は今すぐ処理しとくから、潤子にそう伝えといてくれ」

「うん、わかった。ありがとう」

電話を切った後、接客業の喜びを一片だけ知った。あんなに大金を使ったのに、楽しかったと喜んでもらえ、ありがとうと言ってもらえた。逆風の中でも、一生懸命にやってきて良かったと、このとき初めてホステスとしての小さな自尊心を持てた。

仕事は絶好調だし、お店に居ると悪いことを考えずに済む。売り上げが増えると潤子ママが喜ぶので嬉しいし、一石二鳥だった。しかし、現実には自宅でのあたしはとても暗かった。

そんなあたしに恋人が出来た。

テレビや新聞を見ないあたしでも、プロ野球の清原選手の顔は知っていた。その日、席に座った女の子全員が聞かれもしないのに名刺に電話番号を書いて渡していた。あたしは争奪戦に巻き込まれるのが嫌だったから名刺だけ渡し、砕けた感じで冗談を言って、場の雰囲気を盛り上げるのに徹した。

翌日、出勤するとすぐに電話がかかって来た。ボーイがにやついて、

「マリカちゃんに電話。清原やで」

えーなんやろ。照れ隠しに戯《おど》けてみせた。

「はい。マリカですが」

「もしもし、清原です」

「ああ、はい。昨日はどうも」

「明日は店に居てる？　そっちに行こうかと思うねんけど」

「あ、そう。分かった」

「ほんでな、もしよかったら、帰りに飲みに行くか、飯でも食いに行かへん？」

「べつにええよ」

こうして彼との付き合いが始まり、しばらく所沢と大阪の遠距離恋愛が続いた。彼は毎晩十一時には、どこで何をしていようと必ずお店に居るあたしに電話してくるというルールを一度たりとも破らなかった。

いつだったか、彼の自宅で交わした会話をあたしは忘れられない。

土、日と彼の自宅で過ごし、月曜日のお昼。いつものように、お店に出るため大阪に帰る支度をしていたら、

「おまえ、お金持ってんのか。大丈夫か」

と彼。ひと月に何度も大阪〜東京間を往復するあたしを気遣った言葉だったのだろうが、あたしも若かったから素直になれなくて、つい意地悪を言った。

「いつも女の子にそんなこと訊いてるん」

彼は球場に行く準備をしながらあたしを睨んだ。

「おまえはアホか。何で俺が体張って稼いだ金、そこらの女にやらなアカンねん」

「へえ〜そうなん」

あたしは嬉しさに、自分の顔が綻んでいたが隠した。

「当たり前やんけ。俺らは身一つで勝負してるねんで。打ち所が悪かったら怪我もするし、障害が残った先輩もおるんじゃ。なんでそんな金をしょうもない女にやるって言わなアカンねん」

そんな彼が誇らしく思えたし、同時にそう言ってもらえた自分自身も誇らしかった。あたしは、つまらない嫉妬をした自分が恥ずかしかった。

ある夜、多恵ちゃんを想い、自宅で泣いていると彼はこう言った。

「おまえが多恵ちゃんを想って泣いている時は、天国におる多恵ちゃんもおまえを想って泣いているんや。だから、俺は泣くなとは言わへん。泣けばいいと思う。多恵ちゃんはおまえに泣いてもらって、喜んでいるよ」

泣いていると、「泣けば天国にいる多恵ちゃんが悲しむ」とか、「喜ばへんで」などとよく忠告されたが、こんな風に受け止めてくれたのは彼が初めてだった。

清原和博という人間は、たまに深いことを言う。あたしが知っている限り、繊細で、傷つきやすく、正直で、弱いものを庇い、優しくて、正義感に溢れた思いやりの塊みたいな人物だった。

あたしと彼は、ひょんなことから二年足らずで男女の仲を解消してしまったが、別々になってもしばらくは、このひとを想う時には自分の違う人生を考えてしまっていた。

ただの思い出話をさせてもらっているのだが、この頃のあたしにとっては彼が唯一の救いだった。

父の死

突然ミユキちゃんから話があると言われた。話って何やの。多恵ちゃんのことか。

「ミユキちゃん、どこ行くの」

「ええからちょっと、ついて来て」

「お客さん待ってるん?」

「ちがうちがう。マリカにも悪い話と違うから少しだけ一緒に話聞いて」

何のことやらさっぱり見当もつかず、ただ、後に続いた。付いて行くと、アナベラのライバル店「セラヴィ」に入って行く。店は営業が終了していて、お客の姿はない。照明が明るくなった店内に、ミユキちゃんは何の用があるのだろう。

ミユキちゃんはセラヴィのオーナーである由美子ママから、チーママにスカウトされているという。

ええ話やん、行けば。

由美子ママは、マリカちゃんも一緒に来てくれたら嬉しいわと言った。話はそれだけで終了した。あたしは内心、ミユキちゃんがセラヴィに移るのを強く願った。「潤子ママにはまだ内緒にしといてな」と頼んできたから、約束を守ったのに。

翌日、今度は潤子ママに呼びだされた。

「あんた、昨夜セラヴィの由美子ママと会《お》うてたんやて?」

早速ミユキちゃんが裏切ってくれた。

「あたしと違う。ミユキちゃんに話あるって言われてついて行っただけやで」

「まさかあんたに裏切られるとは思わんかったわ」

潤子ママはあたしを信じなかった。こうしてあたしは潤子ママのアナベラを去る羽目になってしまった。裏切り者の恩知らずの一番弟子として。この時になって、ようやく女ギツネの高笑いが聞こえたような気がした。

立ち上げる前から潤子ママについて、事務所作業から借り入れ、返済まで一緒に手伝ってきた。店の灰皿は、あたしが選んだものだ。ニューヨークのこと、多恵ちゃんのこと、色んなことから洗われて、ようやくこの街で輝けそうだと思った矢先だった。

あたしは何も悪いことしてないのに。こうして潤子ママにも捨てられた。

そんな折、父が入院して、危篤だと異母姉から連絡がきた。いくら茨の道を歩いてきたあたしでも、こう次から次へと降りかかってきては精神力がもたない。

どんどん憂鬱になってゆき、弱っていった。人に会うのも避けた。そして、こんなときは、ろくでもない連中が寄って来るものなのだ。

世の中に存在するありとあらゆる依存対象に身を任せ、現実から逃れようとした。

本気の賭場に入り浸り、二日も三日も寝ずにトランプを触っていた。怖そうなオジサン相手に大きな賭けをして、勝った時の快感に病み付きになっていた。

相手が居て、悔しがるから面白い。バカラやブラックジャックを好んだ。ポーカーやルーレットはやらない。パチンコやスロットもだ。スピード感と判断力が求められる賭博性の強いものが好きだった。何も考えなくて済むから。

起きたらシャワーを浴びて賭場へ行き、博打を打つ。夕方から朝五時までだ。時々は、朝一番乗りで他にお客がいないから、お客が揃うまで待っていた。首までどっぷり嵌っていた。

留守番電話には異母姉からのメッセージが積もり積もっていた。あたしはその件から逃げていたのだ。

ピーッ。

「おねえちゃんです。お父さんが本当にもうだめなようです。一度もお見舞いに行ってないんじゃないの。あんな父でもお父さんです。後悔しないようにして下さい」

ピーッ。

「おねえちゃんです。お父さんが何とか持ち直して、本人の希望で、継母《おかあ》さんのいる自宅マンションに帰ったようです。もし病院に行ってたら……」

ガチャン。大丈夫やって。死なへんて、まだ。受話器を取り上げて切った。

ピンポーン。誰やろ。カメラを見る。

「俺だ」

「パパ?」

度肝を抜かれた。なんであたしの家を知ってんの? お父さん入院してたんとちがうん。

父はいつものようにきちんとスーツを着て、あたしを訪ねて来た。こんな事は初めてだ。幽霊とちがうやろな。

「どうしたん、急に」

「ここがあんたのマンションか。いい部屋だな」

あたしは多恵ちゃんが亡くなってから、中央区の百平米ほどの新築マンションに移っていた。駐車場代込みで三十万。二十二歳でも自分で家賃を払って生活していた。

父は足を引きずって廊下を歩いた。

「足、どうしたん」

「年だ」

足以外は変わりなさそうだ。椅子をすすめ、約十年ぶりに向かい合わせに座った。

「元気そうだな」

「うん」

睡眠薬を飲んで救急車で運ばれて以来か。あの後も拒食症でブッ倒れて入院していたことは言わないでおこう。

「ここはいくら払ってるの?」

「二十万くらい」

嘘をついた。どうせバレているだろうが。博打はバレたら困る。

「そうか」

沈黙する。あたしも話さない。

「俺がお前にこんなことを頼めた義理ではないが」

もしかしたらと思ったが、やっぱり用件はそれか。

「お前、少しお金持ってないか」

十三歳で家を追い出されてから、一度も探されたこともなくて一度も訪ねて来たことのない父が、初めてあたしを訪ねて来て金を貸せという。

「持ってない」

「一度だけでいいんだ。俺が、お前のところまで来たんだ。わかるだろう」

わかる、よほどのことだ。けどアカン。

「だけど無いねん、お金。いま持ってない」

「そうか、わかった。忙しいのに邪魔したな」

見舞いに行っていないが、嫌味ではない。嫌味とか、皮肉を言う類《たぐ》いの男ではないのはよく解っている。

父は来た時と同じように足を引きずって玄関に戻った。

「体に気をつけなさいよ」

姿勢を正し、父親の、昔の威厳を取り戻すかのようにそれだけ言うと、出て行った。

ピーッ。電話だ。

「もしもし、おねえちゃんです。大変です！　電話に出てくださ……」

「はい」

「とんちゃん、家におったん。あのな、お父さんがな、右足を骨折しているのに病院から居なくなったらしい。本人はな、足が痛いって言うて、昨日検査したばっかりやから、足の骨が折れているとはまだ知らんねんけど、かなり折れているようだから、歩くのも辛いはずやのに。一体どこへ行ったんやろう」

「さっき来たで」

「えっそこに、なんで？」

「いや知らん。急に訪ねて来て、びっくりしたわ」

「足は？」

「引きずってた。どうしたんって聞いたら、年やって」

「ほんでどこ行ったん」

「知らん」

「あんな足でそんなとこまで行って、やっぱりとんちゃんに会いたかったんやね」

違う。金を借りに来たんや。

「そんなんと違うんちゃう」と、あたし。

「また、そんな。どうでもいいけど一回ぐらいお父さんのお見舞いに来いや。来週中に来るねんで。わかった？」

「わかったわかった」

親父に五十万、百万渡したってどうせそんなもの、継母に右から左や。生活費に消える。一回渡せばまた行って来いと言われて父も可哀想だ。キリがなくなるのは目に見えている。

あ〜嫌や嫌や。トランプしに行こ。

週末、北区は天満にある父の入院する病院に行った。調べたらあまり評判の良いところではなかった。もっと他にも病院があると思うけど、と言ったら継母が、「お父さんが家から近い方がいいいって」やて。それはあんたの都合やろ。

「一人部屋っておねえちゃんに聞いていたけど。何で部屋を移ったの？」と訊くと、

「お父さんが淋しいって言うから大部屋に変えたのよ」。ふーん。

父が目を覚ました。

「あんた、来たのか」

「うん」

継母が、「じゃあ、わたし、洗濯物を取りに行って来ます」と言い残し出て行った。

「この前は悪かったな。家まで行って」

「いや、こっちこそ何もでけへんで、ごめんな」

沈黙する。

「俺はもう長くない」

父が、ズバリ刺してきた。

「そんなことないって、まだ大丈夫やってば。そんなん言う人の方が長生きをするらしいで」

あたしは気休めを言っていた。誰に言っているのだろうか。

「お前も、俺の子供に生まれて来なかったら、幸せに暮らせたかも知れない」

突然父が嗚咽を始めた。吃驚して、そんな父の姿に戸惑った。

「そんなことない。あたし、パパのとこに生まれてきて良かったと思ってるよ」

「俺は、おまえが不憫で……今さらだが、こうなって初めて気付いた。お前は俺が死んだらどうなるんだ。俺は、俺はお前に申し訳ない……。俺を許してくれ」

止《や》めて、そんなこと言わんといて、お願い。

「許すもなにもないやんか、何もないねんから」

「今までのことは、全て俺が悪かった」

言わんといて、もう。

「何も悪くない。あたしは、パパの子供で幸せやった」

体の中から嗚咽が漏れ出ないように体を折り曲げて、お腹に力を入れて、一語一語、途切れ途切れに叫んでいた。そのときに、最初で最後の父の涙を見た。

それから四日後、父が意識不明に陥ったと継母から知らせを受けた。

病院に行くと既に昏睡状態になっていた。

父は、長男の異母兄が到着して枕元で呼び掛けると、一度だけ目を開けて、そして逝った。

魂とか霊魂とか怖い事を言うつもりはないが、身近な人の死を通して、今まで様々な不思議な事を体験してきた。それはまた別の機会に知ってもらいたい。

お通夜も告別式も済んだが、父が亡くなって二十一年間、墓は無かった。昨年、やっとソウルに墓を建てたが、それまで遺骨は放置されたままだった。妻がいて、子供も五人。あたしは父が不憫でならない。

博打と依存

父が亡くなって、さらにあたしの依存症は深まった。一層の孤独感に苛まれていた。

父と娘というには縁が薄かったが、交流がなくとも、この世に自分と血のつながった肉親が一人でも地球上に存在しているのと、一人もいなくなるのとは違うのだ。淋しいのと、独りぼっちになったのとは全く別ものだ。

人間不信に陥り、生きていくのがほとほと嫌になってしまい、どうしたらよいのか解らなかった。何度も多恵ちゃんのもとに行く事を考えた。

その頃にはもう博打に首まで浸かっていた。

いつ溺れるか、というところにまできていたのだった。

とにかくどうしても勝てないあの店のディーラーを相手に大勝負をしに行きたい。一旦そんなことを考えだすと、全く他の事は考えられず、誰と居ても頭はその事ばかりを考えるようになっていった。

起きてシャワーを浴び、着替えを済ますと、化粧品やブランドものを買った時の紙袋に現金をパンパンに詰めて、ミナミまで颯爽と歩いて行く。歩きながらいつも戦略を練っていた。だいたい半分はバカラで勝負して、半分はブラックジャックに賭けていた。どちらかで勝つだろうという公算だった。

まず初めにバカラテーブルで一枚二十万円のチップを四十枚購入した。ダメだ。むかしバカラをやり始めた頃に思ったのが、ゲームに熱中すると、自分がカードを捲りたくなってきて、その権利を得るためにチップをレイズ（吊り上げ）するようになる。つまり、カードを捲る行為そのものが目的になり、ゲームが、その快感を得るためだけになりがちなのだ。そのパターンに嵌っていると気が付いた時にはもう、あたしの手にあるチップは残り五枚になっていた。

未練なく、ブラックジャックのテーブルに移った。

チップ五枚はあっという間にディーラーの手元に吸い寄せられていった。

残金も全てあっさり失って、ついに手ぶらになった。文字通り丸裸になった気分だった。

「ありがとう」

内心真っ青なのだが、賭場では負けた時ほど澄まして帰りたいのがあたしなのだ。

マネージャーが側に来て、「マリカさん、店の貸し付けにされたらいかがですか」と誘ってきた。

貸し付けか。今まで一度もしたことがない。飲み代も、博打もツケにしないのがあたしの流儀だ。

金がないなら遊ばなければよい。

博打に嵌る人間が賭場で借金をやりだしたら終わる、というのを本能的に感じていたからだ。

なのに、

「じゃあ、それでお願いします」

迷ったが、とうとう言ってしまったのだ。あーあ。

結局その夜スッた金額と同額を貸し付けてもらい、ブラックジャックへと勝負を仕切り直しても、またもやチップは全て溶けてなくなった。

「今日中に精算するから」

「いえいえ、いつでも結構ですよ。今夜は置いておいて、また後日取り戻しに来てください」

また後日なんて、冗談じゃやない。恐ろしいわ。

「いや、今からお金取りに帰りますんで」

「では、手数料は無しの二割カットでよろしいですよ」

「いや、ええわ。博打の金をまけてもらうほど、あたし落ちぶれてへんし」

などと負け惜しみを吐いてしまい、全財産を失った無職の二十二歳は、やっと後悔の虫になった。

自宅に戻り、金庫を開ける。さっきと違うのは中に有るお金を全額出したことだ。また、行きしなと同じように化粧品の紙袋に今度は神妙にお金を入れながら、「明日からの生活どうしよう」と思ってしまって、情けなかった。


行きは胸算用しながら歩いて呑気にブラブラと行ったが、遊びにいく訳じゃやない。タクシーを使ってさっさと賭場へ駆け付けた。

さっき大負けした分を精算して店を出ると、本当にきれいな朝陽が清々しくあたしを照らした。

もう潮時やな。

とうとう「明日からどうしよう」とか思う博打を打ってもうた。あたしは金持ちと違うし、博打うちとも違う。このお金が無くなったら明日どうしようと思う人間が、こんな事をしてはいけないのだ。

ほんまにもう辞めよう。

この日を境に、現在まで一切トランプにもサイコロにも触っていない。

何が原因というほどの事は覚えていないのだが、父の死後に付き合いを再開させていた高橋と喧嘩して、お金を切られた。最後の博打の大負けが原因ではない。

男の気まぐれな情に頼るオモチャが、弱い立場に陥らないためには多少の蓄えだけが頼りなのに、あたしはタイミング悪くも、スッカラカンだった。なのに、絶対にお金の力にひれ伏さなかった。何故か。それはもちろんオモチャの最後のプライドとしてだ。悪い事をしたのならともかく、何もしていない。

泣き、喚き、苦しんだ。

兵糧攻めにして、詫びを入れさせたいのだろうが、あたしはそんな事で屈服させられるのは嫌だった。

男として、弱い立場にあるものに、そんな仕打ちをするなんて卑怯だ。

でも、それを受け入れないなら苦しむしかない。

お金を持っていて、今まで最終的にはそれで人を自分の言いなりにして迎合させてきたんだろうが、あたしは最後まで突っぱねた。

いつも金持ちはこうだ。金で言うことを聞かせようとする。金の力の前にひれ伏してみろと言う。あたしは嫌だった。

あたしだってお金は好きだ。だけど、愛の前にひれ伏すのはよいが、金の前にひれ伏せと言われるのは嫌だ。金に殺される。

だが、突っぱねたところで現実、毎月の家賃は支払わねばならない。苦しかったが、最後まで自分を通した。

宝飾時計、ダイヤ、エメラルド、ルビー、パール、サファイア、ネックレス、指輪、ピアス、ブローチ、素敵なものたちを泣く泣く全て質屋に入れて凌いだ。いずれもっと良いものを手に入れてやる、絶対に。

生きるのがつらくて、ありとあらゆることに依存しまくった。この頃に、唯一辞められたのが博打だった。あたしの部屋には相変わらず変なのが出入りしていて、しかし、あたしの経済状態の悪化とともに一人ずつ去って行った。あたしの部屋からは、ウシュクベのストーンフラゴンの空ボトルが二ヶ月で二十七本も出た。全て、あたし一人で飲んだ。

第七章

「先生、あたし死ぬんですか」

出産

以前からの知人であった六歳年上の男の人と親密になった。彼は、ヨーロッパから高級ブランドの鞄を仕入れて小売店に卸す会社を営んでいたが、やはり酒と博打で会社を畳むところだった。そんなどうしようもない二人が、あたしの部屋で暮らすようになるのに時間はかからなかった。

そして、あたしは妊娠した。

不思議な事に、この妊娠だけは、「あ、今妊娠した!」って分かったのだ。

妊娠が明らかになってからは、生む意志を強く持った。

父が亡くなり、この日本列島で独りぼっちになってしまって、とにかく血を分けた家族が欲しかった。

「どこでもいいから働いて」

彼は優しかったが、家の中に働かない男が居ることに耐えられなくなっていた。彼は知り合いを頼り、塗装屋さんで働きだしたが、ペンキの匂いが体質に合わなかったので、続けて欲しくはなかった。結局そこは一月で辞めた。

窮乏し、生活は彼の実家からの援助で賄わねばならなかった。彼の実家は裕福ではあったが、彼は関わるのを避けていた。

　しかしあたしが妊娠していたため全援助を受けることもやむを得なかった。妊娠中は初期に切迫流産、後期に切迫早産で、十ヶ月のうち八ヶ月もの間、殆どを寝たきりで過ごさねばならなかった。あたしの体重は三十キロ近く増量していた。お産は難産で、子宮口が十センチに開いても陣痛が来ず、約三日間も陣痛室にいたという、病院始まって以来の妊婦とされた。

　こうして、ようやく待ちに待った長男のミクリが産まれ、半年間ほどは平和な日々を送っていた。

　買い物から帰ると、管理会社の人に偶然に会って、家賃を半年間も滞納していることを知った。彼を問い詰めてみたら原因は競馬だった。博打を、競馬をまだ続けていて、やめていなかったのだ。半年間の家賃はみんなそこに流れていた。来月までに払わないと追い出される。

　あたしはまた夜に働きに出るしかなかった。

　今度は少々虐められたからといって、スゴスゴ辞める事は出来ない。あたしにはもう、子供がいたから。

　信頼を裏切られて、子供の父親とは上手くいかなくなった。だけど産まれたばかりの子供がいるし、助けてくれる家族もいないあたしは、すぐに彼と別れて、単身、乳飲み子を抱えて暮らす勇気が持てなかった。家庭内の雰囲気は最悪だった。

　毎晩、明け方までお客さんのアフターに付き合い、昼は自宅の近くに会社のあるお客さんからのランチの誘いを一度も断らないようにした。常に睡眠不足で出勤して、疲れていた。

飲んで飲んで時間を紛らわせ、明るく振るまい、不安や怒りをうやむやにした。お金はそれに比例して入ってきた。

結局、ストレスで高価な買い物をまたばんばん始めたので、入ってくる分も多かったけれど、出て行くお金もハンパじゃなかった。

その日はいつもより早く店が終わり、お酒は要らんということで、ホステス仲間たちと、お客さんとお茶を飲む事になった。

「珈琲の青山」に入ると、もうみんな先に来ていた。あたしも着席してアイスミルクティーを注文した。みんなの話題に入る前に携帯電話を取り出して、留守電をチェックした。

《お預かりしているメッセージは一件です》。ピーッ。

「もしもし、こちらは曽根崎警察です。メッセージを聞かれましたら、こちらの方までご連絡ください。電話番号は△〇□×―〇△×です」

当時はこのようなイタズラ電話が流行っていたため、全く気にしていなかった。

誰や、まったくヒマな奴だな。

携帯電話をバッグに戻し、アイスミルクティーを一口飲んでから、皆の話に加わった。

カネゴンというお客さんの馬鹿話に盛り上がっていたら、誰かの携帯が鳴った。それは、あたしのバッグの中から聞こえた。

「はい、もしもし」

「もしもし、こちらは曽根崎警察署ですが、先ほどのメッセージを聞かれましたでしょうか」

「ええと、聞きましたけど、あれはイタズラ電話じゃなかったんですね」

「……違います。マリカさんですね。今夜二十一時四十六分、ご主人が覚せい剤取締法及び大麻取締法違反で曽根崎署に身柄を拘束され、取り調べを受けています。本人からの言付《ことづ》けで、赤ちゃんを自宅に置いたまま出てきたので、すぐ家に帰るように伝えてくれと言っていますが」

博打で一晩に千六百万円を溶かした時よりも、青ざめていたのが自分で解った。

「な、なんですって」

「で・す・か・ら、仕事が終わられたなら、奥さんに一刻も早く自宅に帰ってくれとのことです」

「わかりました。すぐ帰ります」

女の子の一人があたしの異変に気づき、

「マリカちゃんどうしたん、顔色悪いで」

と窺うように聞いてくる。

「いや、何でもないねん。あ、あた、あたしはちょっと先に帰るわ」

「どうしたんよ、何かあったなら、あたし力になるで」

いやいや、冗談じゃない。迂闊に信じて相談なんてしたら、何を言われるか分かったもんじゃないわ。

「ありがとう。でも大丈夫だから。じゃああたし、先に行くわ。お先に失礼します」

女の子らとお客さんに挨拶して、御堂筋から大急ぎでタクシーを拾い、まっすぐに自宅を目指した。

ミクリは大丈夫なんかな。

ミクリになにかあったらどうしよう。

もしも、もしも、もしも！

そんなことがありませんように。

頭は破裂しそうだ。

ガチャン！

ドタドタ！

バターン！

ハアハアハア……。

子供部屋を勢いよく開けると、ミクリはうつ伏せでスヤスヤと寝ていた。

あたしは子供を抱き上げ、温かくて、ミルクの匂いのする頰っぺたを自分の頰にすりつけて確かめると、初めて安堵し、涙がこぼれた。

危機一髪だ。

ホッとしたのも束の間で、次に怒りが爆発した。

あいつ！　どないしたろか。

一応、警察署に連絡を入れて、赤ん坊の無事を知らせてくれとお願いした。すると、刑事が逮捕の時の様子とか保釈金の話をしたので頭に血が上ってしまい、「もう今からあたし別れますので関係ありません。本人には実家に連絡するように言って下さい！」と叫んで切ってしまった。

もう知らん。面倒みきれんわ。あたしが苦手な水商売で家計費を捻出してるって時に、自分の赤ん坊をベビーベッドに置き去りにして、ドラッグを買いに行ってたっていうのはどういうことよ！　きっと、今までもやっていたはずやわ。これが初めてじゃない。

彼の部屋に入り家探しをすると、競馬新聞に博打のメモ。出てくる出てくる、アルミホイルにガラスのパイプがあちらこちらから。

それらをトイレに流したが、これで全部かどうかは解らない。本人が巧妙に隠してしまっているものを全て探し出すのはむずかしい。

もういや！　なんぼ考えたってこれだけは許されへん！

子供を連れて家を出て、ひとまず心斎橋のホテルに行った。しばらく子供の寝顔を見ていると落ち着いた。

翌日、お義母さんに連絡をして、一緒に警察署へ面会に行った。開口一番に彼の「ゴメンってば！　もう〜早く出して」に呆れてモノが言えなかった。

彼が戻るまでは二十四時間保育の託児所に子供を預けて仕事に行き、仕事が終われば迎えにいくという生活を経験した。託児所はよくしてくれたし、子供も先生に懐いたので安心して働けた。

それからは、彼が戻ってもずっと託児所に預けて仕事に行くようになった。

お義母さんは保釈金を支払い、数日後、彼は留置場から出て家に戻ってきた。

卵巣腫瘍

二度の裏切りに、彼に対して憎しみが増え、家では彼を避けた。仕事に打ち込み、家庭内別居が進み、殺伐とした家の空気にあたしのストレスはマックスだった。

お義母さんは、妊娠中から、入籍と結婚式を何度も予定してくれていたが、ずっと返事をしなかった。

妊娠中に半年間の家賃を全て競馬に使ったと知った時から、彼と一緒に子供を育てていくということに、疑問を持ち始めていたからだ。

また今回の事もあり、やっぱり無理かも知れないと考えていた。でも、彼は子供を可愛がっていたし、子供の事を考えると、なかなか決断できないでいたのだ。

酒量もどんどん増え、再びあたしまでろくでもない事を始めた。酷いときは一晩に女二人でテキーラ二本を空にした。

そんな荒《すさ》みきった生活をしながらも、自分の体調の変化には気がついていた。

酒の飲み過ぎと、睡眠不足に、ご飯を食べないせいで白目が黄ばみ、下腹部からの分泌物が増えている、くらいに始めは考えていた。

そのうち、下腹の右側だけに膨らみがあるのが仰向けで寝ていてもはっきりと見てとれた。生理の血が少ないし、変な臭いがするようになった。痛みもないし、性病の心当たりはなかったから、またしばらく放っておいた。もう、そんなことどうでも良かったのだ。それくらいヤケになっていた。変わらず大酒を浴び、タバコを大量に吸って、体に悪い事ばかりした。

しかし、そのうちにお風呂に入った先から強い臭いが気になるようになり、流石に高級クラブのホステスなので、接客の際にエチケットが悪いと考えて病院に行った。

何かあるかもなと感じ始めていたが、どこかで自分は大丈夫だと考えていたと思う。まさかそんなに大変な事になっているとは思わなかったからだ。

勇気を出して、子供を出産した産婦人科クリニックへ行った。診療室で医者は、腹部を見ただけで険しい表情になった。続いて画面を視ながらあたしの腹部にエコーをぴったりと着けた瞬間にはもう、すぐに離していた。

「これはもう、うちでは診られません。処置できませんので大きな病院に行って下さい」

「先生、何ですか」

「出産した時に検査したのになぁ。こんなことがあるんだな」

「なんですか！　言って下さい」

「ものすごく大きな腫瘍が右の卵巣に出来ています」

「腫瘍って、先生それは癌ですか」

「ん〜それは紹介状を書くので、警察病院で聞いてくれる？」

「前からあったんでしょうか」

「いや、以前は無いね。出産時に検査してるから。エコーには5ミリ以下の腫瘍は映らない。ということは、もし一年前の検査の時に既にあったとしても、5ミリ以下の、エコーに映らない大きさだったということです。それが一年で、多分一キロ以上の腫瘍に成長しているということになるよね」

「先生、あたし死ぬんですか」

「それはまだ何とも言えません。そうならないように、一日も早く行って検査して下さい。これは百パーセント外科手術になるから、早く治療しましょう」

瞬間、頭は真っ白になり、それから次々と色んな言葉が頭から湧いてきた。

どうしよう……。

なんであたしが……。

もっと早く来ていれば……。

どうしていつもこんなことばかり起こるの？

とうとう死ぬのか……。

まだ死にたくない。

あたしが死ねば子供はどうなるの？

なんの罰が当たったの？

手術って何をするの？

どうして……。

どうしてあたしばかりが次から次へとこんな目にあうの？

あたしは何もしていないのに。

神様！

助けてください！

まだもう少しだけ生かしてください！

この世では、ありとあらゆる不幸があたしを襲う。


警察病院は初めてだった。診察をしてくれた医者は、

「現時点で卵巣に腫瘍があるのはハッキリしています。問題は、どの程度かということです。転移も含めて」

「はい」

「紹介状には一年前に検査をしたとありますが」

「はい」

「体の異変に気が付かなかった？　付いたでしょう、肉眼でもわかるよ」

「はい」

「今言っても仕方ないんだけど、ほんとになんでここまで放っておいたんですか」

「すみません」

「若いと進行が早いんです。何かあればすぐ病院へ来るようにして下さい」

「はい。よくわかりました」

手術は十日後に決まった。

待ち合い室で彼はずっと大人しく待っていた。会計で精算を終えて、二人でタクシー乗り場まで歩いた。あたしが口を開くのを待っている。

タクシーの運転手さんに行き先を告げた。なかなか言い出せない。あと信号を五つ過ぎれば自宅に到着というところで赤信号につかまり、タクシーは静かに停車した。

「あのな、卵巣癌。すぐに入院、手術やて」

案外あっさりした言葉が口をついて出た。

彼は見たことがない目であたしを見つめて嗚咽した。その所作は芝居ではないと思った。

あたしは涙が出なかった。そんなことより考えることがあったから。

入院費をどうしよう。

もっとお金を置いておけばよかった。

あたしが死んだら彼が子供をみるのだろうか。

もし彼に女ができたら、子供はどんな目に遭うのだろうか？

その時、彼は子供を守るだろうか？

もし彼のお義母さんが面倒をみるとして、後妻で、しかも赤ちゃんを生んだことのない今のお義母さんに世話が出来るのだろうか。

あたしが死んだら誰が骨を拾ってくれるのだろう？

お墓が無いのにどうするのかな？

思考が迷宮に入り込む。


セラヴィの由美子ママと仲の良いお客さん、三、四人のホステス仲間に入院手術を知らせた。

手術は十日後ということで、それまで仕事には行かなかった。

入院前のある日、しばらくは油物とも無縁な生活ということで、友達と新世界の串カツ屋へ向かった。新世界は庶民的で賑やかなところで、大阪の観光地にもなっているが、その地区の闇の部分も地元民は知っている。

あたしはそこで、彼と彼の車を見てしまったのだ。ある建物の中に入っていく彼の姿を。

怒り心頭に発した。

また苦しみが増えた。とうとうあたしが癌にまでなってしまって、すぐ先に手術を控えているのに、この男は何も変わらない。あたしを裏切り続ける。

入院に際し、彼には夜間の見舞いだけを許可した。あたしは仕事の関係者に子供の影を見せたくなかった。しかし、子供には会いたかったから連れてきてもらったのだ。手術前に一度、手術後に一度だけ。

こうしてあたしは卵巣の摘出手術を受けることになったのだ。担当の下屋医師からは、卵巣の全摘出を言い渡されていた。子供ができなくなるのは、正直、とてもショックだった。

手術前々日までに検査を終え、前日には手術ミーティングが婦人科部長からあった。手術では卵巣を摘出するが、担当医は安全のために全摘出を提案している。しかし、あなたの年齢、これからの人生を鑑みて左の卵巣は、なるべく残す方向で考えたいと思うんですよと言ってくれた。

「先生、でもあたし、まだ死ねないんです。子供が生まれたばかりです。全部とってもらって結構です。命には代えられませんから」

「もちろん少しでも危険があれば全摘出にしますが、外科手術とは実際に中を開けてみないと判らんものなので。左の卵巣については開腹の時点での医師の判断にお任せ下さい。排卵の可能性を残しましょう」

医は仁術なり。あたしの卵巣は四分の三を失い、四分の一で現在も排卵している。

手術当日、客人達と、ホステス仲間が病室に見舞ってくれ、手術室へと送り出してくれた。五時間を経過した後、手術は無事終了した。意識と無意識の間を何度も往復し、徐々に回復すると、そこには七転八倒の苦痛が待っていた。息を吸うのも痛い。出産よりも痛い。まさに内臓を引きちぎられたというか、過去に経験した事のない痛みだった。

しかしそれも三日、四日と過ぎてゆき、次第に痛みも治まると、手術室へと見送ってくれた人達が見舞いに来てくれた。

「とりあえず今は生きているわ」と、あたし。

手術の立ち会いをしてくれた人は、家族の代わりに切り取った内容物を確認せねばならず、それは、重さが一・八キロあり、フットボール大のモノだったらしい。

「俺はあれを見て、もう河豚《ふぐ》の白子は食えんと思ったね」と感想を言ってくれた。

なんだか残念。あたしも見たかった。

手術後の検査でステージが3と判定された。カウンセリングルームに呼ばれ、担当医から転移の検査結果を聞く瞬間が一番緊張した。今のところ転移の可能性はないと告げられ、胸を撫で下ろした。

手術後は、一週間ほどで退院した。何でこんなに早いのか聞いたら、現代の医療の常識では、早めに動いた方が傷口の治癒によいからと説明を受けた。

退院したら、すぐに仕事に戻った。実際、じっとしていても仕方がないし、何もしていないと考え込んでしまう。なによりお金が必要だったし、焦っていたのだ。

相変わらずの彼が何をしていたかはあまり記憶にないが、知る限り、あたしの妊娠中にペンキ屋さんを一月で辞めてからは仕事には就いていなかった。

オムツが足りなくなったり、ミルクが無くなりそうになると、無職のくせに呆れるほど堂々とお金を要求してくる。逮捕の前でも、後でも。そんな男だった。

だけどその時は働くのに必死だったから、そんなことに構っていられなかったし、どうでも良かった。家の中に居て、あたしが安心して働けるよう赤ん坊の世話さえしてくれれば何も言わなかった。

病気を経験して、子供のために心を入れ替えねばと考えていたので、店での勤務態度も改善し、遅刻もしなくなっていた。働けるうちに働いておかないと。そんな思いだった。

新しい出会い

ある土曜日、友人とミナミにいたら、美容関係で成功している若めのお客さんから連絡があり、こっちに顔を出さないかという。合流してカラオケで遊んでいたら、知っているミナミのホステスがお客さんらしき人と居たので、軽い言葉を交わした。

翌々日の月曜日、その美容関係のお客さんからお店に電話があり、今から行くが、大切な接待なので、くれぐれも頼むということだった。来たのはとにかく体躯の大きな男の人と、その紹介者と他二名だった。体の大きな人を生島さんと紹介を受けた。紹介者は、あたしに生島さんの隣に座れと言う。

「初めまして、マリカです」

「……いいや、初めましてじゃないねんで。君のことは知ってるよ。ついこの前ミナミのカラオケ店で、俺も別でおったから。その時、俺と一緒に居た女の子と話してたやろ」

「あれ、もしかして、ミナミの綾乃ちゃんのことかな」

「そう。思い出した？」

そう言われれば居てたような。

「ああ、思い出したわ」

皆はずっと年下であろう生島の様子を窺っては、やたら気を遣っている。

「仕事は何してるん。やっぱ美容関係とか」

「いや、音楽関係」

「へえ〜そうなん。お年はいくつなんですか」

「二十八」

「ええ〜若いやん。あたしと変わらへんわ」

「いくつ?」

「二十六、もうすぐ七」

「誕生日は?」

「二月」

「一緒や」

「じゃあ水瓶座？」

「そうそう！」

ありきたりの話題で一瞬、打ち解けた風に話せた。

「それはそうと、一緒に来ている人らが異様に気を遣ってない？」

「そりゃ遣うやろなあ」

「なんで」

「……さあな」

こんなやりとりで自己紹介は済み、場はお開きになった。帰り、お土産が間に合わなくて駐車場まで走って持って行ったら、それを見てわざわざ車を戻してくれた。ニコニコしたりしないが、優しさが伝わる感じの人だなあというのが第一印象だった。

数日して、同伴で少し遅れてお店に入った。ママの誕生日とあって、早くから祝い客で賑わっていた。トイレに行ったり、お化粧を直しに行ったり来たりしていたら、生島を見つけた。

「あら、いらしてたんですか。全然気が付かなかったわ。今夜はお一人ですか？」

生島はゆっくりと頷いた。

「そうなんですか。あたし、ここに座ってもいいよね。ちょっと向こうに挨拶だけして来ますから」

「どうぞ」

この人は、他の男の人と何か違う。自分と同じ匂いがした。

サラッと一通りの挨拶を済ませている間、知らず知らずに遠目で生島を観察していたら、落ち着いて、静かに大人しく飲んでいる。

別にハンサムという訳ではないのだが、ふてぶてしいというか、だけど偉そうにはしない。怖いもの知らずというか、今までに見たことがない種類の男だった。顔や肌の感じ、声があたしの好みだったこともあるが、二十八歳の落ち着きではなく、堂々とした物腰や仕草、視線に色気があった。あんな二十八歳には会ったことがなかった。孤独をまとう、そんな感じだった。

その頃、家ではあたしと彼との関係が悪化していた。最悪だった。

家に居るのが嫌で嫌で、結果それで仕事に精進しているというポテンシャルの低い労働意欲で生活が成り立っていた。

「生島さん、明日の土曜日ご飯食べに行こうよ」

気軽に、思いつきで誘った。土曜日は店が休みだから、用事をつくって外へ出ておきたい。子供は可愛いが、一日中、彼と同じ家にいると腐る。

「いいよ、何時?」

相手の返事も気軽に返ってきた。

偶然にも店のボーイに生島の高校の後輩がいて、席に挨拶にきた。出身校は、大阪府でも一、二を争う有名な進学校だった。よし、「生島さんて解らんわあ、ただのボンボンにも見えへんし、ホンマに音楽関係？　ミステリアスやわ」。ズバリ聞いてやった。

「ラップのレーヴェルに友人がいて、そこに投資しているから音楽関係も無縁ではない」

「じゃあ、お父さんて何やってるひと？」

これには後輩のボーイが答えた。

「マリカちゃん、生島さんのお父さんのこと知らんの？　名前、聞いたことない？」

「知らん。聞いたことないで。有名人なんや、生島さんのお父さん」

「生島さんのお父さんは、あのう、そのう……」

なんだか覚えがあるぞ、この話の展開には。

「もしかして俳優とか」

「違うやん、まあ映画とかにもなるけど。ほら、ええと、男の道。男を極める道の仕事」

なんだ、そう言ってくれれば解るわ。

「ああそうなんや、任侠道ね」

「親父は亡くなったよ」

生島が付け加えた。

「ほんま、いつ?」

「ついこの前」

「そっか……」

なんで死んだんやろう、病気かな。

「さあ、店は終わりやろ、家まで送るわ。明日も迎えに行かなアカンしな」

生島は話を終わらせて、立ち上がった。

身長が一八八センチの彼がスタスタと行ってしまうと追い付かない。

「待って!」

レジからバッグを引ったくり走って後に続いた。後ろから、一緒に座っていた女の子らが地団駄踏んで悔しがっているような気配も追いかけてきていた。

生島は、約束の時間ピッタリに昨夜送ってくれた自宅マンションに迎えにきた。

エレベーターで降下しながら何を食べに行こうかと考えていた。北京ダックが食べたい気分だが、もし彼に負担をかけたらどうしよう。でも今夜は北京ダックの気分なのだし、北京ダックにしよう。言って彼が引いたらあたしが奢ればいいか。でも一応、今夜は初デートみたいなものだし、最初からあたしがご馳走するのも男の面目がなあ……などと、考えがまとまらないまま助手席に乗り込んだ。

「何が食べたい？」

生島は聞いてくれたので、あたしは北京ダックと返事をする前に、思案のうえ、うーんと一言唸ってから、

「財布みせて！」

と元気よく言ってみた。

生島は何故、と理由を聞かず、黙って財布を渡してくれた。

二つ折りの財布を開けてみたら二百万近く入っていた。なんや、北京ダック全然大丈夫やんか。心配し過ぎたな。

あたしは一層元気良く、

「北京ダック！　福臨門のが食べたいでーす」

と素直に伝えた。

「福臨門ね、オッケイ」

生島は滑らかに車を発進させ、そこに向かった。

「有名な、力のあるヤクザの息子に生まれて嫌だったことは？　悩んだことないの」

お料理も終盤に差し掛かったところで、もうこれ以上の直球はないやろというくらいの直球をあたしは生島に投げた。

「今まで、誰にもそんなことを聞かれたことがなかった」

と言うと箸を置いて、彼がその目で見て、肌で実際に感じてきた濃い二十八年間の胸中を勢いよく吐露した。

人には色んな人生がある。選べることもあるし、選べないこともある。

あたしは時間を忘れて、じっくりと彼の思いを聞いた。幼少時のこと、虐め、学校生活、異母弟妹、若い時の結婚で離婚に至った時のはなし、時折涙を浮かべながら怒りを交えて話してくれる内容には、自分自身との共通点が多いことに、親しみと共感を抱いた。

彼にも子供がいた。それを聞いて、あたしも自分の話を打ち明けた。

父親同士は顔見知りだったろうな。自分と同じ年代の生島の見てきたこと、感じてきたことを聞いて運命的な出会いを感じた時、

「俺たち結婚しよう」

突然、その場で生島から申し出てきた。

「本気?」

「ああ」

「じゃあそうしよう」

一回目のデートで、まだ手も握っていないのだ。

あたしはいいけど、あなたはホントにそれでいいの。内心は懐疑的だった。それと、自分以外にそんな感覚を持った同年代の人間が他にいることがにわかに信じられなかった。

翌日、生島は電話をくれた。

昨日の話を憶えているか、と聞いたら彼は憶えていると言う。

「からかわんといてや。本気じゃないんでしょう」

あたしは確かめた。

「いいや、俺は本気やで」

「じゃあ証明してよ」

「どうやったら信じるねん」

「婚姻届に判を押して持って来たら信じたるわ」

「わかった。それじゃ今すぐ実印を押して持って行ってやるよ。家の下まで持って行ったらええか」

あたしだって過去に何度かプロポーズを受けたことはある。

だけど、あたしと彼はお互いの体を少しも知らなかった。なのに結婚しようなどという価値観を持った男は初めてだ。

体の相性、そんな事はたいして重要ではない。彼はソウルメイトが欲しいのだ。あたしには理解できることだった。

二時間後、まだ誰にも教えていない南堀江の借りっぱなしにしていたマンションに来るように指定した。

「この部屋はなに用?」

椅子もカーテンも何もないがらんどうな部屋を見回して生島は訝しげに聞いた。あたしが子供の父親と一緒に暮らし続けるのを迷っていたので別で借りた、家賃三十五万円の3LDKだ。

「先月、自分で借りたんだけど、まだ引っ越してない部屋。ちょうどいいやん。ここで一緒に暮らそう」

と言うと、生島はあたしの目の前で記入して判を押した婚姻届を差し出した。

本気や、このひと。

「ありがとう。気持ち分かったわ」

そう言うと生島はあたしを引き寄せて、抱き締めた。大きな両手であたしの頬を包み、頭にキスをすると優しく髪を撫でて応えてくれた。

確信した。運命的な出会いって、このことだったのか。

そう思うと胸に風船が詰まっているような感覚がした。

一九九七年の十一月、あたしは二十六歳、生島は二十八歳で孤独を知る二人だった。

それまで生島は天王寺区で六本木の元ホステスと、前妻との間の長男の三人で暮らしていた。あたしも長男と、その生物学的父親と三人で暮らしていたが、あたし達はお互いにその暮らしを捨て、お互いの子供だけを連れて一緒になった。

あたしのお腹には、卵巣癌の手術の際に残った大きな手術痕がある。

初めての夜、月明かりにその醜い傷を生島に見せた。彼は何も言わずその傷痕をそっと唇でなぞっていき、それから優しくあたしに触れた。

違和感は何もなかった。あたしは彼の肌がとても好きになった。

打算的な行為は愛ではない

彼の子と初めて会った時のドキドキといったらなかった。子供なりに戸惑っているのだろう。前のママの話を沢山してくれる記憶のしっかりした三歳児に、大人の都合で強引に始めからママと呼ばせたくはなかった。

彼の子には、ママと呼びたくなるまでマリカって呼んだらいいよと提案した。

だからといって、自分が産んだ子供にだけ従来通りママと呼ばせるのも嫌だったので、あたしの子にもマリカと名前で呼ばせることに決めた。

そのとき以来ずっと子供はあたしをマリカと名前で呼んでいる。

お店を辞め、いよいよ四人の暮らしが始まった。

婚姻届にはサインしたが、出さないでいた。自分のことだけを考えたらすぐに婚姻届は出しただろうが、彼の子と、あたしの子に責任を感じていたのだ。ノリや、軽い気持ちでは出せなかったのだ。

一緒に暮らしてみて彼の子とあたしが、あたしの子と彼が、子供達同士が、うまくゆくと自信が持てるまで、あたし達の感情だけで入籍してはいけないとそう強く感じていたからだ。

それは、自分の体験からそう思った。焦らずに、まずは絆を深めたい。

全員の事を考えるゆえのことだったが、彼には理解できないでいた。

入籍のことで大喧嘩のあと、リビングで狸寝入りしていたら、彼がやってきて、ビリビリッ。ストーン！　という不吉な音がした。何かを破ってゴミ箱に捨てた音だった。

怖くてすぐには見られなかったが、婚姻届に間違いはなかった。彼らは同居を始めて一ヶ月であたし達を置いて出て行ってしまった。

あたしは婚約者から一方的に結婚を破談にされてしまったのだ。仕事も辞めて、式場もほぼ決まっていたというのに。

バブル期に、その筋では日本で一番の資産を築いたとされる元ヤクザの息子との結婚話は、シンデレラストーリーとして北新地を駆け巡っていた。お客さんからの祝辞や、ホステス仲間からは羨望(嫉妬)の眼差しを受けて華々しく退職した街には戻れない。どうしよう。そんな世間体ばかりが頭を駆け巡った。

みんなのためだったのに。友達は早く店に戻ったらと言ったが、あたしは首を縦に振らなかった。置き去りにされた家に居るのは苦しかったが、諦められなかった。しばらくは距離を置いて、彼が落ち着くのを待つことにしたのだ。

何もしない空虚な時間を過ごし、酒を飲んだりタバコを吸ったり、悪い事ばかりした。

彼に電話しても全く取り合ってくれない。

この頃から本格的な自傷行為が始まった。

夜、子供をお風呂に入れて寝かせたら、急に静かになってしまう。子供部屋に行くと、何も知らずに健やかに、いい夢を見ているのか、笑顔で眠る子供がいる。不安と、自責の念で爆発しそうだった。

自室へ戻り、泣き叫びそうになる口元を枕で押さえて泣くのがやっとだった。

そして、泣き疲れると、やる事は決まっていた。剃刀《かみそり》や、鋭利なハサミで自分の手を、足を傷つける。その傷ついた手足を鏡に映して見ては自分自身で我が身を哀れむのだ。そんな行為を毎日繰り返した。

朝、子供が起きて来ると傷だらけのボロボロの体で思いっきりの笑顔をつくる。子供はあたしの傷ついた手足を見て、「これイタイイタイあっちいけ〜」と言って毎朝なでてくれた。それを見てまた一日中泣く、というのが日課になっていた。

そんな日々は三ヶ月ほど続いた。自傷行為は止まず、いつまでも治らない傷に子供も不審に思っていたのか、「イタイイタイが治らないね」と言い、じっとあたしの目をみつめた。

あたしは次第に、子供の視線から目を逸らすようになっていった。


節分にダメになりかけていたあたしと生島との関係は春から再燃し、初夏には完全に修復されていた。

ただし、そこには大きな問題が発生していた。

彼の家には、あたしの前に一緒に暮らしていた六本木の元ホステスの元カノが帰ってきていると言う。オマケにその女の人は彼の子を妊娠しているというのだ。

「俺、お前とケンカして、子供連れて前のマンションに戻ったやろ」

ああ、婚姻届を破いて、それから自分のマンションに帰ったわね。

「ほんでしばらく会ってなかった時があったやろ」

あったね、一ヶ月ほど。

「その時、家に居たら、突然カギがガチャガチャって開いて、あいつが勝手に入ってきてん」

「あいつってまさか……ちゃんと別れたって言うたやん。なんで前の女が鍵を持ってるの」

「お前と一緒に住む前にちゃんと話して別れたよ。鍵は捨てたと思ってた」

あたしの頭の中はぐちゃぐちゃになっていた。

「そしたら子供が玄関まで走って行って、ママが帰ってきたあって喜んでさ。それでそのままズルズルと俺のマンションに居てる」

「何で言うてくれへんの」

「ほっといたらそのうちまた出て行くやろと思ってた。ほんで、そいつが妊娠したらしいねん」

「妊娠？　いつできたん」

「この八月で四ヶ月やから、四月の子ということになるな」

「四月！　その人いつから家におんの」

「三月末から」

「三月末！　あたしのとこから出て行ってすぐやんか。あたし、一緒に暮らす前に、女関係は一旦ちゃんと清算してきてよって言うたよね。前に付き合ってた女には手切れ金を渡して東京に帰らせたって聞いてたけど！　なんでまたそんなややこしい女に触るんよ！　それより自分、ずっとあたしを騙してたってわけ！」

「……酒を飲んで寝てたら裸でベッドに入ってきて、そのまま……まあええかで、やってもうた」

「どうすんのよ！　もちろん堕ろすように言うたんやんな」

「それは言うた。ただ、前にも一回堕ろさせてるし、本人は絶対に産むって言うて聞かへん。それに今回は、四ヶ月を過ぎているから、どっちみちもう堕ろされへんらしいわ」

それが全部ホンマやとしたら、かなりズルい女やわ。やり口が汚いし、計算ずくやんか。出稼ぎに来てるつもりと違うん。男って、ほんまにアホやね。

「それで、話はここからや」

「なによ。これ以上まだ続きがあんのかいな」。あたしは唇を尖らせた。

「お腹の子供のことがあるからと、婚姻届を役所に出しに行きよってん」

な、なんですって？

「それは、いったいどういうことよ？」

「それは、そういうことや」

取ったのか？　取られたのか？　取り返されたのか？　相手はあたしのこと知ってるの？　知らないの？　少なくともあたしは彼らが別れた後に彼女の存在を知った。相手はあたしのことを知っていてやってるわけ？

「その人、あたしのことは知ってるん?」

「いや、知らん」

　こうしてあたしは自分の婚約者だと思っていた男から他の女性と入籍したことを告げられた。ご懐妊というお祝いつきで。

妊娠……あたしと彼は日に何度も愛し合い、お互いにいつか自分達の間の子ができるのを夢想していた。だけど、いつまで経ってもあたしに妊娠の兆候はみえなかった。

一緒になる前から病気の事や、妊娠の条件が悪いことも始めからなにもかも打ち明けていたのだし、彼はそれでもいいと言ってくれていたのだ。それだけに、彼がその女の妊娠というカードに押しきられたという現実は、あたしをより深い闇に沈めた。

　なんにせよ、あたしのお腹には彼の子が宿らなかったのだから。

　そのなんとも言えない敗北感に、嘘つき、と彼を責める気は起こらなかった。

　彼のお母様やご家族、彼の子供が、まだ見ぬその弟妹の誕生をどんなに喜んでいることだろうか、それを考えると恨む人はいなかった。

　そんな事情を抱えながらも、あたしは彼と別れる事は考えなかった。

　そして、婚約者の浮気相手が妊娠していて、あたしではなくいつの間にかその相手と入籍を済ませていて、知らぬ間に新婚生活を送っていた、という状況をあたしは受け入れ、その後もあたし達の関係は続いた。

結局彼は、妊娠中の新妻をほったらかしにして、再びあたしの家に入り浸るようになった。

女も女だが、彼もヒドい男だ。

家に来たら一緒にご飯を食べて、あたしの子供と遊び、セックスしてから帰る。

だが、とうとう七ヶ月の身重の妻と自分の子供を置いて、あたしの元へ戻って来てしまったのだ。

戻って来たのか何なのか、ややこしくてそのへんの判断ができないが。

今度はきちんと弁護士を頼んで相手に離婚を申し入れた。すると、案外簡単に、出産したら直ちに離婚届を提出するという二つ返事で話はついた。ものすごく肩すかしにあって、あたしは腹が立っていた。あたしはその女は計算ずくで戻って来て、妊娠という既成事実を作り、彼と入籍して子供を産む、というのが目的だったと気付いていた。もしかしたら、東京で誰かの子を身ごもり、ふたたび大阪にやってきたのは始めから彼の子として産むのが目的だったのかもと疑った。

相手は七ヶ月の体で、とっとと東京へトンボ帰りしていた。まるで出張妊娠入籍結婚養育費遺産相続ビジネスだ。

彼の子は彼の実家近くの幼稚園に通っていたので、便宜上お母さんに預けたとのことだった。大人の都合であっちにこっちにやられて、本当に可哀想に思った。

なんだかあたし達三人が元通り楽しく暮らしているのに、彼の子供だけ一人でおばあちゃんのところに荷物のように預けられていて、悪い気がした。早くまた四人で暮らしたいねと話した。そうして、ものすごく遠回りをして問題も抱えてはいたが、あたしは正式に彼の実家に嫁として挨拶に伺う事ができた。

ある日、姑から電話がきて、

「マリカ、孫が変なことを言うんだけど」

その週末に、子供達は二人で姑の家に泊まりに行っていた。

「どうしたんですか」

「いやね、前のあの東京の女の子のことやねんけどな、パパがいない時にこんな男の人が家に来ていたよって、今日クレパスで絵を描いて見せてくれたんやんか」

「お絵描きの延長で、なにか勘違いしてるんじゃないですか」

「いいや。何回も見たんだって。外で会った事もあると言うんだよ」

「わかりました。ちょっと彼と相談してみます」

その時は、そう深く考えなかった。

東京の相手に、ちょうど子供が産まれたらしく、早速離婚届が到着し、同時に養育費の請求もきていて、早急に弁護士に会いに行かねばならなかった。あたし達は二人で弁護士事務所を訪ねた。

「先生、養育費はいくら請求がきていますか」。軽く一億はきているだろうな、と予想していた。

「それがね、一千万円」

「一千万円？」

あたし達は同時に声を出し、顔を見合わせた。安すぎる。逆に疑いを強めた。

「おかしいですね」

「ええ、おかしいですね」

弁護士も不審に思っているらしい。

「なぜでしょうね」

「たぶん一億と言うと揉めるけど、一千万ならすんなりと払うだろうと」

なるほど、ヤクザ顔負けやな。

「ちょっとこちらで気になる事があるので、養育費はＤＮＡ鑑定を条件にして下さい」

「分かりました」

翌朝、弁護士から電話があった。

「相手からですが、鑑定の請求は精神的苦痛を伴うものであり、養育費と別に慰謝料の請求がありますが、どうします」

「ますますおかしいですね。こちらはＤＮＡの検査結果がないことには養育費も慰謝料も、一銭も支払うつもりはないということでお願いします」

「妥当な判断だと思います」

「子供の証言により疑いがあるためと付け加えて下さい」

「分かりました」

電話を切った。

「おまえ、そんなこと言うて、もしホンマにおれの子種やったらどうすんねん」

「あんたの子やったら、あたしが引き取って育てるわ」

「そういう訳にはいかんやろう」

「あのな、生まれた子がほんまにあんたの子やったらキッチリ養育費でもなんでも払ったればええやんか。むしろ払うべきや。ちゃんと相手の望みも聞く耳を持つべきやとも思うし。あんたがその子の父親やねんから。でも……」

「でも？」

「騙したのなら絶対に許されへんことやわ。違うと判っているから検査を受けられへんのか、自信がないからでけへんのか、どっちかやろ。いずれにせよ、疚《やま》やましいことがあるということや。ちゃんとハッキリさせたほうがいい」

「まあな」

結局、相手は最後までDNA鑑定を拒否した。しかし、入籍している間に誕生した子供は無条件で戸籍に入る。実際の血縁がどうであれ、血の繋がりがないと証明されなければもちろん相続の対象者だ。そんな事も相手は知っていたのだろう。なんだか知恵をつけている奴がいそうなくらいのスムーズな仕事だ。しかしまさか五歳の子供が浮気を理解していて、姑に話すとは考えなかったのか。人を疑うことをしない彼が、親子鑑定の申し立てをしてきたのは誤算だったろう。離婚は想定内だったろうが。まあなんにせよ、やったもん勝ちだと考えたのは間違いないのだろう。あたしは世の中でも、この類いの話が一番嫌いだ。真相を知ると、段々腹が立ってきていた。

あの女！　あたしは会った事のない女性に対し、あの女呼ばわりしていた。自分の私利私欲のために取り返しのつかない事をして、そのためにどれだけあたしらが苦しんだと思ってんねん。

そのためにどれだけ彼の子が傷ついたと思うのだろうか。そんなニンゲンは自分さえよければ何だっていいのだ。よその男の子供を身ごもっておいて、彼の元を訪ね、入籍させてしまうなんて恐ろしい。おまけに子供さえ産まれたら、その日に離婚届を出しても構わないって、人をバカにするにもほどがある。しかもここにきて、彼の子供でない可能性が高いのだ。

彼を愛していて、執着するがゆえに犯してしまった罪ではなく、全くお金のためだけだったというのが最後に解ってしまい、さらに苦しむ事になってしまった。

彼の子が生まれてくるために、彼の子供の幸福のために苦しんだのではなかった。その事実は途方もなく、繰り返しあたしを疲れさせた。

せめて彼の子供であってほしかった。ならばあたしの気苦労も少しは報われただろう。少しでも彼を愛していてほしかった。だけどそこにはこれっぽっちの愛も感じない。

あたしは一体なんのために苦しんだの。

誰のために苦しんだの。

あの女の利己的な思惑に利用された男を想って苦しんだのが口惜しい。

そんな女から、あたしと子供達が大きな苦しみを与えられたのかと思うと、彼の愚かさを呪った。

あたしは、彼を愛していたから苦しんだのだ。

せめて愛ゆえの犯行であってほしかった。

第八章

「本当に非常識な母です。すみません」

夫の家出

この一連の出来事は、後々の不幸を告げる前兆だったのかも知れない。

「これは、このままだと裁判になるかも知れません」と、弁護士は宣言した。どうしても相手がDNA鑑定を拒否するということの事実を、もうあたし達でどうこう審議しても始まらなかった。

この問題は一旦あたし達の手を離れた。後始末は弁護士に一任して、忘れる事にしたのだ。

彼はもう一度署名捺印した婚姻届を持ってきてくれた。はじめっからやり直しや。涙が止まらなかった。そこに子供達もやってきて、「どうしたの、なんで泣いてるの。もう悲しくないよ」と言ってくれ、五歳と三歳が小さな手であたしの頭を撫でてくれた。人生で最も幸せを感じた瞬間だった。

あたしの家族があたしの元に戻ってきてくれた。ともあれ、どす黒い色と欲に巻き込まれて辛い思いもしたが、自分の彼への愛と彼を信じ、耐えて本当によかった。

そして、ようやく晴れてあたし達は四人で暮らせるようになったのだ。

子供達は彼とあたしの取り合いをし、その光景は微笑ましかった。彼らのその様子はあたしに充足感をもたらしてくれた。姑も仲良くしてくれて、一つの大きな家族になった。しばらくは日常の全てがうまくいっていた。ただ一つ、あたしと彼は毎日のように愛し合い、求めあったが、やはり子供はできなかった。あたしに子供は無理かもしれない。彼の子を、二人の子供達の妹や、弟を、あたしでは産んであげられないのではないかという不安と、申し訳ない気持ちは常に頭から消えなかった。

あたしは、幸せをより完璧なものにしたかった。あたしは彼と子供達から家族を与えてもらった。あたしからもみんなに家族を与えてあげたかった。孫を、息子を、娘を、弟を、妹を、みんなに喜んでもらいたかった。お返しがしたかった。だが、いつまで経っても妊娠はしなかった。半ば諦めかけていたこの時期には、よく彼に、「もしあんたにホンマに好きな子ができて、その子があんたの子を身ごもったなら産ませてあげたらいいと思うよ。もし育てられなくなったら、あたしが育てるし」というような言動は増えていたように思う。自分を責めるのに飽きていたんだと振り返る。

「俺はいつかお前との間に子供が産まれたらなとは思うけど、別にできなければそれでもいいよ」。彼はそう言ってくれていた。

そのうちあたしはせめて自分にできるだけの事をしようと考え、探し始めた。

会社の人達とコミュニケーションをはかり、彼が仕事をしやすいように、姑や小姑など、彼の家族と仲良くすることで彼に喜んでもらいたかったし、安心もさせたかった。

だが、何が原因で、誰が原因で彼の内に何が芽生えたかは知る由もないが、そのうち、「お前とオカンに会社を乗っ取られる」やら、「お前が俺の親父に見えてきた」などの妄想を抱き、そんな事を口にしだした。

あたしには理解の仕様がないが、世間には、血の繋がった実の母子でも相性の悪い親子は存在するようだ。彼はまた飲みに出ていくようになり、大量の酒を飲んでは暴れるという日々が始まった。目が覚めるとバツが悪いのか、またすぐに飲みに出かけるということの繰り返しだった。

夜遅くに彼が帰宅して、頬に化粧品がついていたから、

「ラメが沢山ついてるわ。顔を洗ってからベッドに入って」

と頼むと、

「お前は俺の事を愛していない。なんで何も言わへんねん、焼きもちとかないんか！」

などと叫んだ。いったんそうなると明け方まで止まらなかった。

あたしとの婚約中に、前の女を触ったら妊娠させてしまったから籍を入れたと告げられ、やっぱりお前がいいわと言って戻ってきた男に、いちいち焼きもちなんか妬いていたらキリがない。愛を強制するなんてことは無理だと知っているから。

しかし彼の行動はエスカレートしていった。

ある時、某銀行が倒産して、生島の預金口座が凍結された。すると、あたしの預金残高を調べ、全額よこせと言い出した。悪い事はできないもので、あたしから現金を持っていった晩に、女といるところに鉢合わせした。その女はあたしを知っていたから怯えていたが、あたしは、「いつ

も遊んでもらってありがとね」と挨拶した。

それでもまだ別れる気はなかった。子供達と一緒にいたかったし、あまりにもアホな男なので、あたしがいなくなったら一体どうなるのか心配だった。それがあたしの役割だと思ったし、せめて、あたしぐらいは側についていてあげようと決めていた。彼は、あたしといる間にも沢山の裏切りにあっていたから。

彼がそんなふうになっていったある日、またもや家を出ていくと言い出し荷作りを始めた。あたしの顔をみて罪悪感を持ちながら遊べない男なのだ。バツが悪くて八つ当たりしているのは自分で解っていたのだろう。彼は子供達にもそっけなくなっていた。

またか。あたしに怒りはなく、脱力感と虚無感しかなかった。しかし、もう子供達を傷つけ悲しませるのは許せなかった。

「これ以上、この子達を右に左にする権利はあんたにない。これからあたしがこの子らの親権を持つ。あたしらはもうあんたの都合に振り回されへんから。今また同じことを繰り返すなら、あたしはこの子をあんたに返さない。絶対に」

あたしは彼の子をギュッと抱きしめた。目からは涙が溢れていた。その手を振りほどいて彼が子供を掴む。彼の子は細い腕に渾身の力を込めてあたしにしがみつくが、敵わない。

「いやだ、僕はマリカといたいよう。ミクリと一緒に遊ぶんだ。パパは一人で行ったらいいんだ、

「行きたくないよう」

必死にあたしにしがみつき、泣きわめいたが、とうとう引き離され、彼の会社の人間に連れて行かれた。小さなミクリは大きな彼の足にすがりついて、

「いかないで、ぱぱ」

と彼のスラックスの裾を握りしめ、泣きながら頼んだ。彼は無情にもミクリの手を振りほどき、玄関のドアを素早く開けて出て行った。

あたしとあたしの子供ミクリはまた玄関に置き去りにされた。あたしは力なく玄関の床にへなへなとへたり込み、座り込んだ。ドアは何の未練もなくガチャンと冷たく閉まり、三歳になるミクリは泣きながらドアを叩き、彼と、彼の子供の名を叫び続けた。

三歳児が膝を折り、玄関の冷たい大理石に頭を擦りつけ、床に這いつくばって泣く姿は本当に哀れで、これを目に焼き付けておこうと思った。今でも忘れられない光景だ。前の時は小さ過ぎて解らなかったのだろうが、この時は見るに忍びないほど悲しんでいて、こちらの胸が痛んだ。まるで、楽しかった自分の記憶を呼び戻すかのように彼らの名を呼び、大きな声で泣いていた。あたしは涙も出なかった。皆におだてられ、都合よく利用されているだけなのに、いい気になって気付いていないあの人が腹立たしかっただけだ。

次の日の夜、手紙を書いているとインターホンが鳴った。カメラを見ると彼だ。また暴れにきたのか。恐怖におののいた。しばらくどうしようか迷ったが、応対した。

「何しに来たん、警察呼ぶで」

「開けてくれ」

「……あたし、あんたを部屋に入れるのが恐いわ」

「大丈夫や。俺が悪かった。開けてくれ、頼む」

エントランスを解錠し、玄関ドアを開けて待った。

彼は入ってくるなり抱きついてきて、

「無事やったか。俺はお前が自殺するんとちゃうかって、心配で心配で」

前日とはうって変わって饒舌だ。

「なんやの急に。あんたが因縁つけて出て行ったんやんか」

「あれからお前が死ぬんと違うかと思って、気が気でなかった」

流石に二度目だ。死んでいてもおかしくない仕打ちだ。しかもまたもや婚姻届を出していなかったのだ。悪夢が甦る。東京の女と決着がついていなかったので、真面目なあたしはケジメとして入籍を留保していただけで、もちろん結婚の意思はあった。

死ねるかいな、小さい子を置いて。死ねるもんならとっくに死にたいくらいやわ。いや、なるほど。違う。あんたは死んでほしいねんな、あたしに。

完全に倒錯している。

正直、十四階から飛び降りて、死んで彼に復讐してやろうかとも考えたが、命と引き換えの、そんなストーリーを与えて、彼の一生分のナルシシズムを満たしてやるのは馬鹿らしかったから止めたのだ。あたしには子供がいる。彼のためにそんなことまではやってあげられない。

婚姻届と離婚届

あたしはまた自傷行為を始めていた。それを見た彼も悩んだろうが、あたしにもどうしようもなかった。

言われた通りに子供達のため、運転免許を取り、彼は約束通りの車を用意してくれた。時々は様子を見に来て、たまにあたしを抱いたりした。

しかし、相変わらず妊娠はしなかった。

彼とは多少のギクシャクはあっても普通にご飯を食べたりショッピングしたりした。あたし達が懇意にしていたデザイナーにオーダーしていたウェディングドレスはあたしのデザインだ。デザインにピッタリの生地を見つけて、あたしの希望が反映された素晴らしい作品が出来上がった。お値段もいい値段だったが、出来映えに納得した。事情を知るデザイナーの友人は、やっとの結婚を喜んでくれ、心から祝福してくれた。

それが、この頃から彼の買い物は恐いくらいの勢いになっていった。それまでにもあたし以上に宝石類の好きな彼だったが、マンションが買えるくらいのエンゲージリングに、一回行けば最低四百万円のネックレス、また翌週は同額の指輪などを次々にあたしに買い与えるのだ。どういうつもりだったのか真意は定かではないが、それには恐怖心さえ覚えた。

買い物のしすぎで気分が悪くなって吐いたのは、彼と一緒になってからが初めてだった。

その日のあたしは紺色のシャネルのカシミヤのパンツスーツに、指にはハリー・ウィンストンのエメラルドカットのエンゲージリング。クロコのバーキンに、あたし専用の新車のピカピカのメルセデス。クリスマスと年越しと、ミクリの誕生日を一緒に過ごすために、彼の仮住まいの海辺のホテルに子供と出向いた。だが、この日のあたしの精神状態は特に悪かった。ぴりぴりしていて、神経が逆立っていた。

待ち合わせの中華レストランでは久々に四人が揃った。

普段は着飾らないあたしのフル装備を見て彼はとても喜んだ。

しかし、いくら外見をピカピカにしていても所詮はノイローゼだ。あたしの中身は壊れきった時計だ。憂鬱は消えない。子供達のために、精一杯の仮面を装着して食事を終えた。

部屋に行くと、作り笑顔は、子供達の就寝と同じくして、闇に溶け込んで消えた。

長時間を共に過ごすと色々とお互いに綻びもでる。衣服の繊維が髪の毛に見えてしまうほど過敏に反応してしまうあたしの態度を彼はなじった。そして、ついにあたしは爆発した。

「大丈夫だからって、平気なわけじゃないねんで」。あんたには、あたしを責めたり、裁く権利などない。

大晦日の夜に、子供を叩き起こして、彼が住まいにしていた高級ホテルの部屋を飛び出した。彼は、あたしに対して上手い嘘がつけるような器用な男ではないのだった。

あたしにもう少し、お金で割り切れる心が、自分の立場を理解できる客観性があれば、大人の分別がついていたら、続いていたのかなとも思う。そこらへんは今と何も変わっていない。

彼のホテル暮らしは三ヶ月ほど続いたが、やっと部屋が空き、だいたいの家具が入ったので新居を見に来いと言う。マンションはあたしが希望していたところで、悪くなかったが、内装には不満というか違和感を持った。

「家具は、この前おまえが横浜の家の時に使ったとこに行ってきたんやで。カッシーナ。あの時の担当の子におまえの好みでって頼んで、俺も一緒に考えてみた。どう?」

「ふうん、いいんとちゃう」

水を差すのはやめたが、とうていあたしの趣味ではなかった。どういう訳か、所々にオンナオンナした趣味が見え隠れしていて、それはとても居心地が悪く、落ち着かないものだった。

結局そのわざとらしさで一杯の部屋には移り住まないで、別居のまま、行ったり来たりで過ごしていた。

昼間に彼が一人でうちに来た。

「実はこのまえ遊んだ女に子供ができてもうて」

ギクリとした。明るいうちにやって来て、寝室に入るなりそうさらりと打ち明けてきたのだ。あたしは、彼の上着をハンガーにかけようとしていたが、それを聞いて全身が凍り付いたように固まった。またか。ハンガーに通した上着を二つに折って持ったまま、ドレッサーの椅子にへたりと座った。

「でも、一回しかやってないねんで。変やろ」

あたしに何と言ってもらいたいのか、できるだけ明るく振る舞いたいのは解るが、その様子にあたしは怒る気さえ失せていた。

「また？　ほんまにアンタの子かいな」

あたしもできるだけ普通に答えた。

「相手やけどな、お前の知ってる子やで」

「知ってる子？　新地、ミナミ、誰？」

「ホステスと違うねん」

「ほなら誰よ？　ドルガバ？　エルメス？　ルイ・ヴィトン？　シャネル？」

「ちがう、ちがう、ちがう」

「じゃあどこよ、他にあたしが行くとこなんかないやんか」

「あるやんけ」

「だからどこよ」

「もう一軒あるやろ」

「服屋やもんな」

「ちがう」

「違うの！　じゃあ解るわけないわ」

「家具屋」

なんのつもりか知らないが、あたしを見たままイタズラ小僧みたいに上目づかいではにかむ。

どうしてあたしに教えたいの。

「はあ？　もしかしてカッシーナ？」

あたしは愕然とした。担当なんて言われても、正直、顔も憶えていない。

以前その店には横浜の別邸のために、家具を見繕いに行ったことがあるのだ。しかも彼とふたりで！　家具屋の店員が、お客さんの結婚家具を見立てるために新居に入り、そのまま自分が居座るなんて聞いた事がない。なるほど、これから自分が住むかも知れない部屋だ、そりゃあ自分好みにするはずだ。ド厚かましいにもほどがあるってもんだわ。腹の底から湧き上がる怒りにフンと鼻を鳴らし、記憶にないその女を蔑んだ。

「妊娠したから、結婚してって詰め寄られてるねん」

また妊娠や。うんざりする。「妊娠したから結婚して」か。いつもワンセットだな。

「ふーん。ほんで今回は何でまたそんなことになったんよ」

「家具の搬入が全部終わって、何かお礼がしたいので言って下さいと聞いたら、じゃあご飯を食べに連れて行ってくれと」

明らさまやな。

「ほんで？」

「ほんで飯に連れて行った。そしたらそれから連絡がくるようになって」

古典的なパターンだな。

「どんな連絡よ」

「商品の具合はいかがですかとか、何か困った事はないですかとかそんなん」

売女《ばいた》め。

「なんで避妊せえへんかったん」

「ラブホじゃあるまいし、俺だってそんなもん持ち歩いてないし。今日は大丈夫ですって言われて。でも、ちゃんと外に出したで」

もうええわそんな話。聞きたくもない。

「おかしいよな」

何を他人事みたいに。

この件に関しては、どうこう言わなかった。というか、言えなかったのだ。

妊娠、この二文字があたしを苦しめる。

あたしはしばらく考えた。

悩んだ。悩んで、悩んで、悩んだ。

誰と別れるのか、誰と続けるのか、彼に決めさせなければ。いつもあたしが尻拭いするわけにはいかない。だが彼は自分で動かなかった。そこには、自分は悪者になりたくないという小狡さがあったのだと思う。どちらに転んでも自分から言って後悔するのも嫌だから、あたしに行動させようとしている彼の狡猾さが見えていた。ただ、最後まで婚姻届を返せとは言われなかった。

たとえ嵌められたと訴えてきても、悪いのは男だ。自分で後始末のできない男に浮気する資格はない。考えた末、あたしは自分の誕生日に婚姻届を出した。

ざまあみろ。やった。複雑な感情が入り混じったが、清々しかった。

提出したのは嫌がらせではない。出したら自分なりに気が済むだろうと思ったからだ。彼と結婚する、この呪いを断ち切りたかったから。

婚姻届を出したよと告げたところ、意外にも、やっとお前が俺の奥さんになってくれたんや、と喜んでくれた。なんだ、もっと早く出せば良かったんだなと感じた。

入籍の喜びも束の間、時間が経つにつれ、日増しに彼が荒んでいくのが解った。

家具屋の女からは日ごとに膨らんでいくお腹を見せられては結論を迫られていた。あたしとの狭間で追い詰められていた。そうして、彼の消耗と精神疲労が著しくなった。

あたしが彼を労れば労るほど、優しくすればするほど彼は情緒不安定になっていった。

「お前は計算高い女ではない。わかっている。それが、その存在が俺を傷つける」

「俺は、おまえから生まれた」

彼が何のことを言っていたのか、当時は皆目見当がつかなかった。

モヤモヤした日々をすごすあたしは自分の車をぶつけてしまって修理に出した。代わりに、会社に置きっぱなしにしてあった、家族で使うための大きな車を動かすと、当時開園する前のUSJのプレオープンの招待券の使用済み半券が運転席のポケットに三枚入っていた。たぶん家具屋の社員に配られた優待券か何かだろう。ずっと前から四人で一緒に行こうと約束していたのに。

何よりも、家具屋の女が、あたしの手に入らない特別な券を得て、一足先に彼と、彼の子供を喜ばせたのが堪えきれない屈辱になった。

あたし達というものがありながら、家族然として行ったのだろうな。それを想像してしまい、気が気でなくなるほどその事実を後に引きずった。

お腹の大きな可愛らしい新妻に、利発な子供と立派なお父さん。あたしと、あたしの子供抜きでも成り立つ幸せ、そして新しい命。その女は、あたしが与えてあげられないものを彼らに与えてあげられるのだ。その事実をまざまざと見せつけられた瞬間であった。

彼は、あたし達抜きで、新しい妻、新しい子供、新しい家族だけでやりたいのだ。あたし達が家族だと思っていたものに、突然、邪魔者にされていった。

そうして、益々お互いの歯車が狂いだした。あたしは自分のなかに、どうしようも消しがたい嫉妬と憎悪が蠢いて、拡がっていくのを顕著に感じ取ってしまった。

このままでは憎しみに取り憑かれる。

婚姻届を出した二ヶ月後の夜中、あたしが住むことのなくなった新居まで、判を押した離婚届を携え、ひとり車を走らせた。

あたしは、自分の結婚生活の新居にと選んだマンションの外に立ちつくし、その部屋に灯る暖かい明かりをぼんやりと見上げていた。悠然として、何事もなかったかのような立派な建物を窺うと、決心が鈍りそうになった。

いっそこのままでいて苦しめてやろうかとも考えたが、やめた。

彼らを苦しめたからといって、あたしが幸せになれるとは限らない。

あたし達の犠牲が、今度こそ彼と彼の子供の幸せに繋がるのだとするなら、あたし達は苦しみを抱えた幽霊となって消えよう。

産まれてくる彼らの子の事を考えたら、あたしとの事はなかったことにしたほうがよい。だけど、離婚届を提出するのは、あたしじゃなくて、あんたや。

あなたの人生からあたしが消える決断をせよ。

これが、あたしの彼に対する唯一にして最大の抵抗で復讐だった。

六本木の女から、何かあればお金お金と散々むしられていて傷ついていた彼を知っていたから、慰謝料を請求したくなかった。いつも女から最後には金金と言われていては可哀想だ。

それに、これからも色んな女と知り合うだろうが、あたしだけは特別な存在として彼の記憶に残っていたい、そう考えた。

それまでは周囲に金目当てとか、偽善者などとさんざん陰口を言われていたが、もう誰もそんなことを言わなくなっていた。ここまでバカだと言われなくなるものなのだね。

離婚の条件はただ一つ。あなたが届けを出すこと。もしくは出さないこと。

妻の欄に記入済みの離婚届を、一階のメールボックスに静かに投函して家に帰った。投入口の、カチャリという電子的な冷たい音が春先のまだ肌寒い夜空に響き、もう後戻りできないけどいいの？　と言っているように聞こえた。

自分で提出して、後々自分を責めて後悔するなら、彼の意思に委ねておきたかった。たぶん彼も同じような事を考えていたのだと思うのだが。

それは二十二日後に提出されたと知った。

出したみたいだと人伝《ひとづて》に聞いた時は、やっぱり出したんだなあっていうのと、意外に二十二日間も悩んでくれた事がちょっぴり嬉しかった。

こうして、彼とあたしは、お互いに怒濤と混乱の時を経て、自分達の今後の人生に深く関わることのない相手となった。

子づれの放浪生活

幸福の象徴としてこの世に誕生したはずのウェディングドレス。なのに、着てもらえる機会を失ったことが不憫で、制作主がお披露目の舞台を用意してくれた。それはちょうど韓国で行われるソウルコレクションというファッションショーで、不運なあたしと、あたしのドレスの鎮魂には不足のない場だった。それは、よく不吉なお人形などを神社仏閣などでお祓いするような、そんな意味合いにも感じた。

友人のデザイナーは、あたしと、そのウェディングドレスを自分のファッションショーのラストにマリエとして発表し、最後を飾らせてくれた。本書のカバー写真で着たドレスがそうだ。

あたしのしたことは正しかったのか。これで良かったのだろうか。いいや、あたしのしたことは今までも何一つ子供にとって正しかったことはない。じゃあどうしたら良かったのだろう。あの時、もし、あたしが、彼が、あの女が……考えが渦巻いていた。あたしは彼にどうしてほしかったのだろうか。彼はあたしにどうしてほしかったのだろうか。あたしはどうしたらよかったのだろうか、あたしはどうしたかったのか、何年も何年も答えのない自問自答を繰り返した。

あたしはこの離婚は自分だけでなく、自分の子供の幸せも犠牲にしているのは解っていた。だけど、彼と一緒になってからは、自分の子供には常に我慢させてきた。彼が一番で、次に彼の子供を優先し、自分の子には常に譲らせてきた。いつもミクリが最後だった。心の中ではごめんね、と言いながら。

これからの生活を立て直す前に、あたしとミクリの関係を立て直す方が重要に思った。子供には本当に迷惑をかけた。失った時間と引き換えに手元に残ったものは全て罪滅ぼしをするための時間に代えようと決めた。

離婚届を投函してからしばらくは南堀江のマンションに子供と二人で暮らした。ディズニーランド、二人きりで行く事になってしまったＵＳＪ、映画館に、遊園地、プール、スケート場など、様々なところへ出掛けた。そして、いよいよ現金が底をついた。

ベッドに横になり、ずっと考える。

クローゼットに目をやり、ドレッサーの宝石箱を見る。もし、泥棒が入ってこれらの物が失くなったらどうしよう。でも、本当にお金を持っている人は、そうは思わないだろうな。そう考えると、あたしの持ち物は身分不相応だということになるよな。

そうだ、あたしは金持ちじゃないんだ。

そもそも、こんな心配をする奴が持っているのが間違いなのでは。

でも、せっかくの品物を、また家賃を払うために手放すのか。美しい品々のまえに、失くしたはずの執着心が芽生えそうになる。

しかし、そんなもんを売っぱらって家賃を払ったところで、ここでだらだら暮らしていたらアッという間になくなってまうだけやわ。じゃあどうすんの。

手放したくないなら、収入を得ないと無理だ。それじゃあまた北新地に戻ってホステスをしなくちゃいけない。それはしたくない。

でも家賃が三十五万円。これを自分で働いて支払うなら、また北新地へ戻らざるを得ないのでは。何か他の方法はないのか。ない。

今のあたしが、この生活を維持するためには北新地に戻るしかない。

何のためにそこに働きに行くの？　生活のため。何の生活？　今までと同じような生活。そんなもんに何の価値があるの？　お金のために、宝石のために、カバンのために、家賃のために？

この生活を保つために、やりたくないことをやる価値があるの？　ない。

あかん。このままでは金に殺されてしまう。時間をモノに支配されてしまう。

この生活を続けるのも、北新地に舞い戻るのも価値が見いだせない。ならばいっそのこと、この生活を、今までの価値観を、執着心を徹底的にぶっ壊してやる。

ここを出よう。今までのもの、みんな捨てて生きていこう。

目に見えるものを売って、ミクリと旅に出よう。

失った母子の時間を取り戻し、いい思い出をいっぱいつくって悲しい思い出を忘れさせたい。

そしてミクリが犠牲にしたものを取り戻すのだ。

確かにそれもあったが、本音は鬱屈した自分の心情をどうにかしたかったのもあった。後の生活を考えたら、不安で堪らなかった。それらを考えることから逃げるためでもあったのだ。

行き倒れになるまで、とことん二人で生きてみよう。無くなったら、無くなった時や。全てなくしたら、なにか見つかるかも知れん。

あたしは、一旦は全てを失なわないことには始まらないと自分で気付いていた。

親なし、家なし、財産なし、親戚なし、学歴なし、病歴あり、離婚歴あり、子供あり、飼い犬あり（二匹）、三十一歳……嗚呼あたしという女の無謀さよ。五重苦、六重苦だ。

車の中に身の回りのモノを詰めて、犬二匹、五歳児連れの、質屋通いのその日暮らしが始まった。ホテル暮らしで一番困ったのは犬だった。始めは何とか隠していたが、二匹いるので大変だった。子供と海外へ出る時はペットホテルに預けたりしたが、金額がバカにならない、犬も可哀想だ。考えた末、子供の生物学的父親に預けるべく、マンションを引き払う前に連絡を取った。

寂しかったのか、昔は一緒に世話をした犬を預かってくれた。

あいつは、少し成長した子供を見て泣いた。

もう、保育園に預けない。子供とは今から二十四時間、お互いうんざりしてお互いを知り尽くすまで、一緒に居る。

さて、これからどこに行こうかな。

ようし、ワールドカップに沸く韓国へ行こう。まずは子供を連れて、母のお墓参りだ。まだ一度も母にミクリを見てもらってなかった。ミクリにも韓国を見せたかった。

それから、元カレや友人が居る香港に向かった。彼らはあたしの事情を知っていたから、とても心配してくれていた。

南堀江の家を出て一年。ホームレスになってからは、ウエストバッグにハリーくんや、カルティエくん、ティファニーちゃんなどのひと財産をざくざく詰め込み、肌身離さずに持っていた。ある時、香港のビーチに出てはみたけれど、到底そのバッグを置いて子供と海には向かえない。だけど子供を一人で海にもやれない。イライラしてホテルに帰り、ウイークデーに人気の少ない優雅なプールサイドに寝転がる。子供とプールで遊んでやるが、やっぱりバッグが気になって仕方がない。もし盗まれたら大変だ！　そんな事ばかり考えねばならないので、次第に不自由に感じていった。それらを持っていることにすら、ストレスを感じ始めていたのだ。それらのために行動を制限させられるにつれ、せっかくのその美しいモノ達が完全にただのお金としか思えなくなっていった。

頃合を見計らって、行きつけになっていた質屋へ質草を入れに行く。

ミクリとは、西成のドヤ街に、質屋から高級クラブ、ブランドショップなど、どこへでも連れだって行った。あたしのやることを全て見せ、人と会わせ、一緒に経験した。

知り合いと北新地に出たとき、偶然に高橋に会った。高橋はミクリの将来を案じて、あたしは自分のもとに戻るべきではないかと申し出てくれた。そこにいけば、もう何の心配もしなくていいのだ。しかし、あたしは返事をしなかった。

気に病むと、京都まで車を飛ばし、昼間から蕎麦屋で日本酒を飲む。一人では寂しいのでミクリにも飲ます。あたしは酔っぱらってご機嫌になり、ミクリも酔っぱらってご機嫌になり、きゃらきゃらと笑う。

酔っぱらったら一緒に歌を唄い、夕焼け空になるまで二人で手をつなぎ、鴨川べりを宛てもなく歩いた。夜は大阪の新世界の鍋屋でホルモンをつつく。あたしはグァバ酎ハイを飲んでまた酔っぱらう。一人で飲むのは寂しくてつまらないので、ミクリにグァバ酎ハイを飲ませてみたら、美味しかったらしく、気がつけば、おかわりを二杯もして飲んでいた。何を話して可笑しかったのか、酔っぱらって、ずっと二人で笑って騒いだ。そのうちミクリがぐったりしてしまい、お店の人が介抱してくれた。あたしは顔面蒼白になった。ミクリは五歳児なのだから当たり前だった。

本当に非常識な母です。すみません。あの当時のことは一切何も言い訳しません。とても反省しました。ただ、あたしは子供の前で笑っていたかったし、子供にもそれを強制したのです。笑っていたかったし、笑っていてほしかった。

あたしは子供と手を繋いで美術館に行き、映画館へ行き、写真展を観に行き、ロシア料理を食べ、一個ずつ、一台ずつ、一枚ずつ自分の身を軽くしながら、相変わらず宛てもなく街をさまよい歩いていた。ほかに何をしてよいのか分からなかったから。

今でもたまに子供が香港でのことや、放浪生活の時の話をしてくれ、二人で過酷ではあったが思い出話ができるのは本当に良かったと思う。

一人でも家族がいてくれて良かった。家族ができて良かった。

あたしのダイヤモンドたちが、ミクリと一緒に過ごした時間、二人の一生の思い出に代わったのだ。人生の輝きはお金で買えない。破天荒に見えるかも知れないが、ただ家賃に代わり、ただ生活費に消えるよりずっといいと思った。分不相応なあたしが持っているより、一瞬の時間だったとしても、それらと引き換えにあたしたち母子の輝きのある思い出として子供に与えられたことが嬉しい。最近よくそう思う。

しかし、もちろんいい思い出ばかりではない。放浪生活が長くなり、売るものも無くなってくると、精神状態も悪くなってゆく。あたしは様々な依存症の問題も抱えていたし、子供も、長く続くホテル暮らしに疲れが溜まっていた。

やはり人間は、同じ風景で、冷蔵庫を開けたらマヨネーズのある暮らしが落ち着くのだ。どんなにデラックスなホテルの部屋でもそういうのがないと、人は疲弊してくる。ちょっとしたことでもミクリへの暴力がエスカレートし、絶えなくなっていった。

環境を変える必要を感じていたが、お金がなくて、この頃には、車中で寝ることも増えていた。最後は、二人で抱き合って泣いていた。

感傷的なのは生まれつきだ。情況が、経験がセンチメンタルを加速させていた。

子供をお風呂に入れて寝かせる。一人になると、不安と後悔の入り交じったものが、じくじくとあたしを責めだす。じっくりと、身動きが取れなくなる。脂汗で額と首筋に張り付いた髪が絡まる。拭っても拭っても絡まった。思い切り泣けるところもなかったし、思い切り泣く泣き方を忘れていた。

冬がきて、売れるものが何も残っていなかった。わずかな洋服と、いざとなったら寝起きするためにと置いてある車だけしかなかった。とうとう食べるのも怪しくなり、やむを得ず、またセラヴィで働くことにした。家賃のためでなし、バッグのためでなし、宝石のためでなし、洋服の、靴のためでなし、ミクリのために。背に腹はかえられまい。

初めての世界、初めての暮らし

手元に現金が全くなかったので、お店に頼みこんで日払いにしてもらった。そこから、翌日の宿泊費と食費を出すのだ。あとは駐車料金。これを賄うと、残金はわずかだ。精神的にも金銭的にも、本当にギリギリの毎日だった。

その日も最後まで仕事をこなし、セラヴィの所在地である堂島上通りから新地本通りに向け歩いていた。本通りのキャバクラに行ったお客さんに、一時間だけとアフターの約束をしていたからだ。すると向こうから、この通りにはあまり似つかわしくない二人組の男の子がスケートボードを抱えて歩いてきた。

なに？　この子ら。何でこんなとこにおんの。ここは北新地やで。アメ村と違うねんから。というような気持ちで通り過ぎた。

予定通り一時間だけキャバクラで過ごし、上通りを戻って御堂筋のタクシー乗り場へ歩いていた。

あれっ？

さっきのスケートボードの男の子達とまたすれ違うところだった。目が合ったので、

「さっきも会ったよな」

と、あたしの方から声をかけた。少し酔っていたのもある。

「ああ、会ったなあ」

と男の子達。

「ばいばーい。またどっかで」

あたしは、最低、最悪の誕生日を迎えていて、やや自暴自棄になっていたのだ。

「電話番号おしえてー」

だいぶ通り過ぎたとき、背後から声がかかった。さっきの男の子たちだ。振り向き様に、

「一回しか言わへんでー。090……じゃあね～」

こうしてあたしは道端で、三度目の結婚相手と出会ったのだった。


「あ、もしもし。さっき新地であったもんやけど。なにしてるん」

あのスケートボードか。

「一回しか言わへんかったのに、ようわかったな」

「友達と上四桁、下四桁で覚えた」

「自分ら新地で何してたん」

「いやぁ～綺麗な女の人でも見に行こうってことで」

「あはは、そうなんや」

話しやすい子。

岡崎というその男の子と、また映画でも行こうということで電話を切った。しばらくは、あたしから連絡しなかった。

何度か話したり、会ったりして、あたし達が仲良くなるのにそう時間はかからなかった。その頃はセラヴィを辞めていて、違う店に勤めていた。

勤めの帰りは、いつの間にか岡崎が迎えにくるようになっていた。

スケートボードを片手に、徒歩で帰り道をゆく。その道中に、色々な話をした。あたしの身の上話が一通り済んだ頃、最初に出会った御堂筋で、岡崎はあたしに付き合ってくれと申し込んできたのだ。

「俺と付き合ってください」

ちゃんとした申し込みなんて、久しぶりというか、中学生以来じゃないか。その前は、会った日にプロポーズされているが。

「うん、わかった」

まあたまにはこういうのもいいか。やはりあたしも告白された中学生のように、頬を紅くして返事していた。

岡崎は、あたしの身の上話、あたしの身に起こった事を、最初、本当だと思っていなかったようだ。街によくいる、現実と妄想がゴチャゴチャになっている、ちょっと虚言癖がある子かなと思ったらしい。

彼の部屋は東心斎橋からすぐのところにあった。

「仕事は何してるん」

「カメラマン。雑誌とか」

「ほんまかいな」

「ほんまやで」

「じゃあ家に連れてってよ。写真見せて」

初めて遊びに行った時は、ショックの連続だった。まずエレベーターが無いこと。この辺りにまだこんな物件が存在するのかっていう感じ。肩で息をしながら階段を上がり、部屋の扉を開けた。目の前に広がったそこはまあいわゆるゴミ屋敷で、玄関から足の踏み場も無くモノが散乱し、おびただしい数の段ボール箱が、中途半端に開けたままにしてある。引っ越して二年と言っていた。多分、必要なものがあれば、その都度その中をひとつひとつ引っ掻きまわして探すのだろう。洋服、すごい量のフィギュア、ギター、雑誌、すごい数のCD、誰かの落書き……、アンプ、スピーカー、数えたらキリがない。いつの食べ残しか、コンビニ弁当の残骸達。そして、もちろんスケボー。そのモノだらけ、ゴミだらけの床には、シングルサイズの敷き布団が、荒れた海に浮かぶ小舟のように遭難者を待っていた。

あたしは、洗濯物と、洗濯済みのものと、雑誌と、埃にまみれた座る場所の無いソファーを避け、その小舟の上にヒョイッと避難した。

ゴミ箱のフィルムケースの空容器と、堀内カラーの封筒、床に散乱しているネガ、ポジ、機材の存在が、かろうじてこの部屋の主人が一般社会と繋がっている事を証明してくれた。あたしも病んでいたかもしれないが、あれも正気じゃ無かったように思える。だらしがないとかの域を越えている。干涸《ひから》びたネズミとかいてもおかしくない状況だったな。ただ、不思議とキッチンとトイレとお風呂場だけはピカピカで物が無く、スッキリと清潔だった。へんなの。

あたしは、その小舟の上で三角座りをして、広めの、昭和の香りしかしない2DKの部屋をおそるおそる観察した。堆《うずたか》く、雑に積み上げられた荷物が今にもこぼれ落ちてきそう。

「ホテルとかもったいないし、いつまでもおられへんやろう。良かったらミクリ連れて、ここにきたら」

「え、嬉しいけど、ここに？」

天井まで積み上げられた荷物が落ちて来ないか見張りながら、意外な誘いに言葉が漏れた。

子供もいるし、この部屋ではちょっとどうかなあって考えてしまって、すぐに答えられず、黙ってしまった。

「ふぅーん」

でもなんか、こんなんも面白いかも。

「ミクリ、岡崎くんと一緒に住もうか、いい？」

「おかざきくん、うん。いいよ、すむ」

じゃあ、いっぺん住んでみっかってなわけで同居を始めることにした。

翌日、ミクリを連れて訪ねた。

「掃除してるから、ちょっと外で待ってて」

二時間ほど待ったろうか、ようやくドアが開いた。

「お待たせ」

工事現場で働く人がよくするように、頭に白いタオルを被っていた。

「わぁ〜広くなったやん」

何とか人が住めるスペースになっていった。

始めに新しいお布団を買いに行き、次に枕、クッション、お茶碗、お箸、テーブル。少しずつ、少しずつあたし達の家になっていた。こうして、あたしと子供のホームレス生活は終わった。

岡崎は、おしゃれダメージではなくて、本気で破れてる服とか、首元の伸びたTシャツを平気で着ていた。そんなの普通に着ている人にそれまで会った事がなかった。

別に無頓着を装ってカッコつけてる風でもない。元来の性格のもんだ。ロックな奴。

ミクリの小学校の入学手続きを済ませ、帰宅すると二人とも部屋にいない。心配になり、岡崎に電話すると二人で出掛けているらしい。もう帰ると言った。

部屋でみんなの夕飯の用意を始めていると、そのうち彼らが帰ってきた。

渡された大きな紙袋には、ぴかぴかの黒いランドセルが入っていた。

「わあ、ランドセルやん。先に行って買うてきてくれたんや、ありがとう」

明るく元気に言ったが、ちょっとじんわり目頭にきてた。

シンプルな暮らし、素朴なプレゼント、温かな思いやりの交換。あたしには、何もかも初めてのことだった。

ああ、もしかしてこれが家庭っていうやつね。そう実感した。

毎晩飲まなくなったし、ハードリカーの必要もなかった。タバコも吸わなくなったし、安定剤や、その他諸々に依存する必要もなかった。

朝は子供が学校へ行き、それから彼が仕事に出る。一人でワイドショーを視たり、気が向けばお布団を干しに屋上へ上がったり、掃除をしたりする。天気が良ければ屋上に漫画を持ち込んで日向ぼっこをしながら洗濯だ。

最高！

夕方には買い物に行き、全員が揃ったら、みんなで協力してご飯を作り、みんなで食べる。

最高！
もちろん慣れないことにミクリは戸惑い、寂しい思いをしたこともあっただろう。
なんせあたしと二人でずっと一緒にいて、戦友みたいなもんだったからね、彼は。
ミクリにはあたししか居なくて、あたしにはミクリしか居なかったから。

第九章

「これを最後の闘いにしよう」

結婚と差別

「結婚しよう」

どちらからともなく、自然にそういう感情になった。

桜の季節が終わった頃に、あたしと岡崎は入籍した。二月に知り合い、三月から付き合い始め、四月から一緒に暮らし、五月に入籍した。

その頃には、あたしの話したことは、全部ほんとうの話だという事が解ってもらえた。

岡崎も、徐々に自分の家族のことを話してくれた。二十歳でお父さんを心筋梗塞で亡くし、お母さんと、妹の三人家族になっていた。お母さんの実家は商家だったが、お父さんはサラリーマンを辞めて独立するのに相当がんばったみたいだった。

あたしの感覚では、親御さんがいるのなら先にご挨拶するべきではないかと思い、何回も彼に言ったのだが、そうすると彼は黙ってしまう。なのでもうあたしの方からそれ以上の話は聞かないでいた。

ある夜、彼と千日前の映画館にオールナイトを観に行った。早く到着してしまい、切符を買ってから自販機近くのソファーに座った。その時、後ろから飲み物を持ってきた彼が、隣に座っている女の子を見て驚きを隠さずに話しかけた。

「うわっ、久しぶり」

「うん、元気？」

「あ、これはマリカ。嫁さんやねん。マリカ、彼女はカオリ」

「あ、初めまして」

「あ、こんばんは」

知的で、可愛い人だ。スタイルもいい。ファッションにも自分のスタイルがある。

ちょうどそこで開演のベルが鳴った。

「じゃ、また」

「おう、またな」

「さよなら」

着席してすぐ岡崎に聞いた。

「あれ、さっきの人、あんたの元カノやろ」

あたしはニヤリとしながら聞いた。

「なんで分かったん」

「分かるわあ、そんなん。でもあんな素敵な人で良かった。前カノが変な女やったらガッカリやもん。それにしても綺麗やわあ、あの子」

「おまえって、やっぱ変なオンナやな」

映画が終了し、場外に向かう列のすぐ前に、さっきのカオリの姿を認めた。

「カオリ、ちょっと外で待ってて」

岡崎は大きな声を出して言った。カオリは人波に揉まれながら、一瞬振り返ってこちらを見た。

カオリは劇場の扉付近で待っていてくれた。

「あのさ、俺ら飯でも行こかっていうてんねんけど。良かったら一緒に行かへんか」

カオリはあたしの顔を見た。真っ直ぐに。

「ありがとう。せっかくやねんけども、今から人と会うから、また次の機会に誘って」

嘘のない言葉だった。「じゃあね、お幸せに」とだけ言い残して、腰までとどくサラサラの黒髪を靡《なび》かせ、笑顔で手を振ると、出口へと足早に向かい、人波に消えていった。実に爽やかに。

「いいわ〜あの娘。素敵。あんないい女、滅多におらんで！　あんた何で別れたん、アホと違うか」

「いや、色々あって」

「色々ってなによ！　どうせ浮気とかそんなことやろう」

「俺は浮気せえへん。そんなんと違う」

「じゃあなによ！」

本当にムカついた。あんな素敵な人を、どんな理由で傷つけたんや、あんたは。

「今日、マリカと居る時に、偶然にカオリと会ったってことは、そういう事なんかも知れん」

彼が呟いた。

「そういう事ってなに？　さっきから、あたしだけ意味が解らんねんけど」

「話は長くなるから、どっか店に入ってからにするわ。それでいい？」

「ええよ」

「そういえばこの前、マンションの下で、変な車が停まってるって言うてたやろ。スモークガラスの奥からフラッシュが光ったとか、なんかとか」

「ああ、うん。真っ黒のバンな」

あたしは、オレンジジュースを啜ってから答えた。夜、地元の友達と飲んで帰ったら、前日からいる黒いバンの中に人がいて、気味が悪いので彼に何か言ってもらおうと一緒に下に降りたら、急発進して逃げたのだった。

「あれはな、たぶん探偵。ほんで雇い主は俺のオカンやと思う」

「ええっ。なんで」

「実は俺、前に結婚しようとした事があって」

「誰と」

「さつきのカオリと」

「そうやろなあ」

「今から七年前。俺が二十一で、カオリが十九の時やわ」

「カオリちゃんとはどこで知り合ったん」

「カオリは俺んちの会社の近くの大学の学生だった。俺は会社の隣のバーというか、小さいクラブでＤＪをしていて。そこにカオリがお客として来たのがきっかけ」

「ほんで」

「ほんで俺がカオリに一目惚れして、カオリんちに転がり込んだ」

「一緒に暮らし始めたわけや」

「俺は母親に結婚すると宣言した」

岡崎とカオリは、岡崎の母親の実家で親戚と対面し、カオリを紹介したそうな。威厳のある立派な日本家屋で、岡崎の母と妹、そして祖父母と面会した。

後日、岡崎の母から連絡があり、料亭に呼びだされたところ、この結婚は認められないと一方的に通告されたという。理由は、カオリの素行調査と、血縁調査を、件《くだん》の探偵を使って調べていたからだ。

カオリは中部地方の出身だった。大学進学で大阪に出てきたのだ。

「カオリさん、今回うちの息子との縁談にあたり、あなたのお家のこと、少し調べさせてもらったのよ」

「はい」

　カオリの顔が曇る。

「なんていうか、ご両親は普通のお勤めで、犯罪歴もなく、平穏な家庭で育ったみたいね」

「はい、そうです」

「あなたもきちんと大学に通われて、素敵なお嬢さんに見えるんだけど」

「ありがとうございます」

「ただその、ちょっとねえ。あなたが、被差別部落の出身でしょう、それで……」

　カオリの顔は真っ赤になり、鼻白んだ。

「おかん!」

　岡崎は、続く母親の言葉を遮った。母親は、

「あんたはちょっと黙って!」

　と言い放ち、高慢な妹も母親と同じくカオリを見下した目で見た。

「あたしの実家は被差別部落の地域と近接で、親もあたしも、ほんとにそれで苦労したのよ」

「あの、それがあたしに何か関係あるんですか」

「関係あるに決まってるじゃない！　あんたなんかと、うちの息子が結婚なんて出来るわけないでしょう」

母親は、箸を握ったまま懐石料理に唾を飛ばして怒鳴った。十九歳のカオリは萎縮して泣きはじめた。

「あたし、失礼します」

頭を下げた。

「部落と親戚になんかなるの恐いわ」

面《おもて》を上げたカオリに、妹が追い打ちをかけた。

岡崎がカオリを追いかけようと上着をハンガーから引ったくり、部屋を出ようとする。その間に母親はこう続けた。

「あんた、この間おじいちゃんのとこからの帰り、カオリちゃんとケンカしたやろ。カオリちゃん、その後で他の男と会ってたんやで。あんた、しっかりしいや」

「うるさい！　それは俺が悪かったからじゃ。余計な事すんな！」

「あっそう。でも、どっちにしても部落はアカンで」

そんな事があって、カオリと結婚できなかったらしい。陰惨な出来事だ。実際に今もそんな事があるのも初めて知った。

十九歳のカオリの心は、どんなに傷ついたろう。

そして、今。あたしか。そんな人達にとってあたしの場合はどうなんだろう。

「うちのオカンはホンマに下劣な人間やねん」

あたしは何も答えない。

「ちょっと裕福に育って、あんな性格やから、中学の時にイジメにあったらしい。それが部落の人だったらしく、ほんでカオリとのことは許さへんと言いよんねん。ムチャクチャやろ」

「うん、確かにちょっとなぁ。まず大人としての人間性を疑うわ。カオリちゃんは十九歳だったんだよね。何の罪もない若い子を泣かせて、大人げない」

「そうやねん」

「ひどいはなしや」

そんな事があって、入籍前に、親に会わせるのには消極的だったわけだ。

あたしは在日だ。今度は在日かって言われるに決まっていた。

「結局、俺は母親の言いなりになってしまった。縁を切られるのが怖くて、カオリを裏切ったんや。後悔してる。籍を入れてからマリカの事、一応オカンには報告してん。だから探偵はそれでやと思う」

「なんて言うてはった?」

「予想通り、ギャーギャー喚いてたわ」

「そっか」


それから、家に居ても、買い物に出ても、彼の携帯に母親や妹から頻繁に電話がくるようになり、岡崎は電話で声を荒らげることも度々あった。

ついに東京に住まう妹までがあたし達に干渉してきて、彼女らの方がよっぽど異常に見えた。三十前の兄に、どうしたって変だ。

コンビニに行くため家を出た時、妹から彼に電話がかかってきた。またか。携帯に耳をつけて一緒に聞きながら歩く。五百メートル先のコンビニまで行く道中、ずっとあたしへの疑惑を述べ続け、コンビニで買い物を終えてもまだ、話は終わっていなかった。

仕方がないので帰りに公園へ寄ったが、ダラダラと話していて一向に電話を切る気配がないので、痺れをきらし、電話を代わってもらう事にした。

(あたしに電話代わって。話してみるから)

彼は顔をしかめ、大きく首を横に振った。

(ええから、あたしに任せて)

彼から強引に携帯電話を奪い取った。

「あ、もしもし、初めまして。あのうあたし、マリカです。先ほどから横に居て、ずっとお話を伺っていたんですが、あたしとお話しさせてもらった方が早いかなと思って、代わってもらいました」

「ええっ、ああ、はい。なんでしょうか」

妹は、今、悪口を言っていた相手が突然電話口に出たもんだから、驚きを隠せない。

「いいえ、なにか、そちら様があたしにご質問などがおありのようなので、直接お答えさせていただこうかなと思いましたが」

わざと丁寧に言った。ハナッから相手と同レベルの会話をして対応する気はさらさらなかった。

「質問って、おたく、うちの兄に近づいて、財産目当てでしょう！」

いきなりそうきたか。

「財産って……あなたのお兄さん、財産があるようには見えませんが」

少し鼻で笑ってやった。

「前にも結婚してたって、どんな理由で別れたんでしょうね。なんか、ベンツの特別仕様車があんだのって」

「ああ、前の結婚は相手のお酒が原因です。車は……他にベンツが二台に、フェラーリなどもありました。今所有するのはたまたま子供の送り迎えのために与えられた車で……やはりベンツが一台ありますが。それがどうかしましたか」

「前のご主人は何をされていたんでしょうか」

「主な収益はゴルフ場経営です。あと、九州地方の温泉ホテル、大阪難波にラブホテル、心斎橋の駐車場と大阪市内の繁華街に商業ビルがあります。家主業です」

「それで、慰謝料はいただいたんでしょう」

会った事も無い人間に、電話でよくぞここまで不躾に聞けるもんだわ。逆に感心した。

「慰謝料？　誰からも一銭も貰っていませんが」

「そんな話、信じませんよ」

「よろしいですが、その前に相手に聞いて来たらどうですかね」

「あのね、うちは資産家なんです。財産を守らないと」

「ふーん。お金持ちだって言いたい訳ですか。ところで、いくらあったらお金持ちって言えるんです？」

「そっそれは、ひ、ひとによって、見方もあるし、一概には……」

しどろもどろだ。ふーん。流石に東京に住んでたら、色んな水を飲んでる人間は見てるようやな。

「まあ、世の中には様々な人がいるというわけですよね。とにかく、あたしも色んな友達がいます。失礼ですが、あなたのお兄さんがお金持ちに見えますか。お兄さんのうちは、エレベーターの無い築四十年の２ＤＫなんですよ。初めて遊びに行った時なんて、テーブルすら無かったんですから。破れたTシャツを着てるし、誰がお金持ちだと思うんですか。なのに、財産目当てだろうとか言われても……あなたのおっしゃるのは見当はずれと違いますかね」

よっしゃー！　きまった。ほら、次、何か言うてみいな。ほれほれ。あたしは勝利を感じた。

カオリちゃん、仕返ししてやったで。すると、「あたしなんて、七年も付き合ってる人がいるのに、まだ結婚できてないんですよ！」やて。

話があらぬ方向に向いた。知らんがな、そんなもん。

結局なんのこっちゃよう分からん、そのヒス持ちでノイローゼだと聞かされていた妹の愚痴を三十分ほど聞いてやるはめになり、最後は励まして終わった。岡崎にバトンタッチして電話を代わると、妹は気が済んだのか、すぐ解放してくれた。

「マリカちゃんさすが！」

「なんか最後のほう、自分の話に涙声になってたで」

「うそ！　あいつが」

「彼氏と上手くいってないみたいやなあ。可哀想やけど、でもそれはあたしらとは関係ないしなあ」

実家の財産が気になって、兄貴の嫁さんという存在自体が目障りなのだろう。それと、自分の恋愛が実らないで焦っているのだ。

可哀想に、悩んでいるんや。いつか仲良くなって、話を聞いてあげたいなとも思っていた。

その夜から、彼の母や妹からの電話はぴたりと止んだ。

そしてしばらくは平穏に暮らしていた。

偽善と不信

「オカンから連絡があって、妹がこっちに帰って来ているから飯行こうって。ちょっと出掛けてくるわ」

「場所はどこ？」

「心斎橋の吉兆」

「あたしらも行くわ」

「ええーーーっ。一緒に行くの！」

「行く。いずれにしても一回は会っとかなアカンと思うし。これは、ちょうどええタイミングやと思うわ」

あたしはミクリの手を握った。

彼女らは、待ち合わせ場所にあたしたち母子も一緒にやってきたのを見て、露骨に嫌な顔をした。別に、家族だけの団らんを邪魔しようっていう訳ではなく、あたしとミクリは初めに顔を見せて挨拶するだけのつもりだった。

彼の母親は少し考えて、とりあえずホテル日航のティーラウンジへ行こう、と提案してきた。あたしは緊張して何を話したか鮮明には覚えていない。ただ、一通りの挨拶を終え、先においとましようとしたら、今から一緒に食事をしようと誘われた。なるほど、もう少し品定めをされるわけやな。

食事が始まると、まず開口一番、

「料理できるんやて？」

ときた。

「いいえ、大したものは作ってません。簡単なものだけです」

「おいしいて言うてたわ」

「ああ、いえ、そうなんですか。ありがとうございます」

彼を見ると、知らん顔している。一緒に食事をしてみたら、お母さんは、聞いていたよりもいい人に思えた。それよりも、あたしを引き合いに出して、妹にダメだしを始めたのが気になった。

「マリカちゃんは歯が綺麗ねえ。それに比べてこの子、虫歯が酷くてね、痛み止め飲んでるのよ、ほら」

妹は、テーブルに出していた歯科の薬袋を引っ掴んでバッグに入れた。次に彼のお母さんは、

「マリカちゃんの胸を見せてもらってみ。豊満で、すごいわよ」

妹は、さっき買ったばかりなのだろう、ヌーブラの紙袋にコートを被せて隠した。極めつきは、

「この子ったら、七年も付き合ってる彼氏がいるのに、まだ結婚できないなんて、呆れるわ。もうやめたらいいのに。マリカちゃんは子供さんいくつで生んだの？　二十五歳ね。二十五歳で子供さん生んだのですって。ほら、聞いてるの！」

実の娘にとはいえ相当デリカシーに欠けた発言だが、別にあたしが誘導したわけではない。

彼の母親は、特に悪気なく、自分の娘に言いたい放題しただけだ。少し乱暴な天然、といった感じか。

妹の視線があたしに刺さる。あたしを憎むのはお門違いだと言ってやりたいが、向かいに座る妹は、関係なくあたしを睨んできた。おまけに、

「可愛い坊やねえ。お行儀もいいし。お利口さんやね。またオバチャンのところに遊びに来てな」

「ありがとうございます」

奇跡が起きた瞬間だった。さらに奇跡は続いた。

「マリカちゃん、綺麗ねえ。さすがにうちの息子が好きになって結婚を決めただけあるわ」

妹は、さらに憎悪をバージョンアップさせた目であたしを睨みつける。

「国籍だって、変えられるわよねえ。うちのお店も最近まで在日の女の子がいたのよ。それより、思っていたよりもずっといい子で安心したわ」

お姑さんは、ご機嫌だ。

どうやら気に入ってもらえたようで、嬉しかった。

だが、妹は……どんどん俯いてゆく。

最後にお母さんから「うちの息子のこと、よろしくお願いします」と、立って頭を下げられたのだ。あたしは恐縮して「分りました、こちらこそよろしくお願いします」と、同じく立ち上がり、両手を前にきちんと揃えて挨拶を返した。

予想外の出来事に、彼も、これ以上はない収穫に大満足していた。

こうして全ては一件落着に見えた。

「オカンから連絡があってな、妹がまた情緒不安定らしいねん」

「また？　相手の彼氏ってどんなひとなん」

「妹の彼氏はとても物静かで、穏和なええ男。あいつはあんな性格やからな。結婚なんて誰だって迷うで」

そんなことで、お姑さんと何回かやりとりがあり、岡崎は話を聞いてやっていた。いつものように話している岡崎の傍らに居て、テレビを視ていると「オカンがマリカに電話を代わってくれって言うてるわ」と。何やろう。

「もしもし、ご無沙汰しています。どうしたんですか」

「いやあ、娘のこと、聞いてくれていると思うけど」

「ああ、はい」

「どうしても今の彼氏と結婚したいみたいでね、近々あちらのご両親とお会いすることになったんよ」

「ああ、そうですか。それはおめでとうございます」

「ほんでな、今、精神状態があんなんやろ。万が一というのもあるし、娘の縁談に少しでも差し障りがありそうな要素は取り除いておきたいねん。あたしらの気持ち、分かってくれるよな」

「はあ」

「悪いけど、いったん籍を抜いてくれへん?」

この人が猫なで声で人にものを頼むなんて。よっぽど娘が心配なのね。親心なんだろうなあ。あたしだって、あたしのせいで七年越しといったか、彼の妹が結婚できなくなったとされるのは嫌だ。

「わかりました。近日中に離婚届をお持ちいたしますね」

「お願いできるう、ごめんねえ」

岡崎は何も言わず、我関せずといった様子で、どこ吹く風だった。

区役所から離婚届の用紙をもらってきて、先に彼が書き、次にあたしが書いて、自分で彼のお母さんのお店に持って行った。

「これが離婚届です。持って参りました」

「ああ、わざわざどうも」

前に会った時とは打って変わってよそよそしく、冷たい態度だ。妹の縁談のために籍を抜いて欲しいの、と優しくお願いされたので、その豹変ぶりに戸惑った。

「妹さん、大丈夫ですか。あちらのご家族にはもう、お会いになったんでしょうか」

「ああ、まだ先よ。これが済んでないし」

これ……ねえ。

「コーヒーか何か飲む?」と素っ気なく聞かれ、「はい」とだけ答えた。傍らで、やたらと吠えるプードルが、けたたましく鳴いた。こんなに人に向かって吠えつけるプードルを初めて見た。姑が、奥からコーヒーカップとソーサーをお盆に乗せて出てきた。

「あらあら、チャッピーちゃん。よその人にそんなに吠えちゃダメよ。お客さん、来なくなっちゃうわ」

姑に離婚届を渡した帰り道、あまりの変わりように色んな事を考え、混乱した。

たまたま機嫌が悪かっただけか、あたしが全く連絡をせずにいたから不義理だと、少し怒っているのだろうか。それにしても、ああまで態度を変えられる理由は思い当たらなかった。そして、家に帰るまでに気がついた。

あたしは騙されたのだ。

うまいこと、なだめすかして、優しく言って、困ったふうを装い、とりあえず籍だけは抜かせておこうと。そこでもし、あたしからお金などの要求があれば、ほら、やっぱり金目当てだったと言われてお終いだったんだろうなと気付いてしまった。離婚届は第三者が書いて出すのは法律で禁止されているのだから。

恐ろしい人たちだ。

あたしは帰宅した岡崎に、あらましを話した。自分の推測も含めて。岡崎は俯いて、「ああ、たぶんそうやろなあ」なんて言ったきり、目を合わそうとしない。

なに？　あんた、解ってたわけ？　何であんなことを言い出したのかも、あたしを試したことも。ショックというか、なんだ、あんたもあいつらと一緒じゃないか、という気持ちが芽生えた。所詮あんたもカオリを傷つけ、あたしを裏切り、ただの偽善者ってわけかよ。きれいごと言うて、あんたに母親や妹を下劣だと非難する権利なんてないね。彼女らは、部落と在日は嫌いなんだとはっきり言った。あんたはそれを人でなし、差別者と弾劾する善い人の皮を被りたいだけの偽善者だ。もっと嫌らしい人間だ。あんたは安全な場所をきちんと確保しながら谷へ降りてきて遊び、危なくなったら自分だけ安全な場所へ逃げ込む。それがあんただよ。なにがカオリを傷つけてしまって後悔しただ。なにがあのとき親に逆らう勇気を持てなくて悔しいだ。なにが同じ過ちは二度と繰り返したくないだとバカ野郎。嘘つきめ。

ここから信頼は崩れ、岡崎と岡崎の家族に対しての不信感は高まった。

生活は荒んでゆき、お互い別々で出掛けるようになっていた。顔を合わせればちょっとしたことで喧嘩になり、広くはない部屋で、ミクリは毎晩のようにそんな光景を目にしていた。時に岡崎は、あたしに対する鬱憤の捌け口に、ミクリにまで辛く当たることがあり、それでまた喧嘩が膨らむ、といった悪いスパイラルに陥っていった。小競り合いが日課となり、だんだんミクリも学校で問題を起こすようになっていった。

こういうことは、何かをきっかけにして、ぜんぶ悪い方へ向いてゆく。

やっと手にしたと思った小さな幸せが、束の間、またもや儚くもあたしの掌からすり抜けていった。岡崎は、気に入らないことがあればあたし達に物を投げつけたり、思い通りにならなければ物を壊したりした。それは、日常になっていた。

岡崎の暴力がエスカレートするにつれ、あたしは地域の警察署員に相談するようになっていた。

朝も晩も何日も眠らずにパソコンで遊んだり、テレビを、音楽を永遠につけていたりする岡崎に、騒々しくて子供もあたしも眠れないからいい加減に止めてと言うと、大喧嘩になり、岡崎は窓からなにか放り捨てたり、金属製のゴミ箱を壊したりして暴れ回った。あたしを蹴り、腕を掴んで引き倒し、殴る、蹴るなどした。ミクリは布団を被り、デスクの下で怯えていた。

岡崎はあたしを薬物依存だと言い張って警察に通報し、あたしもそんな岡崎が怖くて警察に出動要請した。どちらが呼んだ方が先に来たのだろうか、ちょうどパトカーのサイレンが聞こえて警察が玄関に到着するころ、岡崎は玄関へ逃げようとするあたしの髪の毛を捕まえ、悲鳴をあげるあたしの顔面に頭突きを入れた。目眩がしたが、それでもなんとか玄関まで行った。ドアを開けた途端に警察官がばらばらと部屋に入ってきて、そこにはさっき頭突きで殴られた時に切った口元から血を流すあたしが立っていた。そして岡崎は傷害の現行犯で逮捕、連行されて行った。

家に残されたあたしは、お金を一銭も持っていなかった。岡崎からは定額の生活費も貰った事がないので困ってしまった。

子供に食べさせないといけない。家中を這って十円、二十円と小銭を集め、百円ショップで焼き鳥など買って与えた。しかし、それでは一食分にも足らず、いざとなった時のために手元に置いてあったシャネルのコートと、エルメスのワンピースをリサイクルショップに持ち込み、僅かなお金をつくって食費にあてた。

二日ほどして、岡崎が逮捕されたことを岡崎の母親に伝えると、怪我をさせられたのはあたしの方なのに、なぜか怒鳴り散らされて、またもや理不尽に思った。自分の息子がひとに怪我をさせてるのに、そのいい草はなんやねん、と心から軽蔑した。

そのくせ、「あんたまさか起訴なんかせえへんやろな」、「わかってるやろな」と暗に脅しのような口調で命令までするのだ。

えげつないくらい自分らの都合のいい事ばかり。やはりあたしに家族がいないために言いたい放題、やりたい放題で、岡崎にも、岡崎の家族にも、舐められきっているんだろうなあと痛感した。

留置場の岡崎からは、反省と、改めてやり直したいという手紙が何通か届いた。

あたしは刑事に被害届は取り下げたいと申し出た。刑事は、あたしの性格も事情も理解していた。

岡崎は起訴猶予とされ、釈放された。前科にはならないが、前歴として記録は残るという。もしまた、暴力をふるったら、次は逮捕される。そういう危機感は持ったろうし、抑止力になるとふんだ。あたしは、もう一度だけ彼を許そうとした。

ミクリを連れて迎えに行くと、岡崎の母親とばったり会った。

あたしとミクリは挨拶をした。すると、

「こんな子連れて来て！」

こんなこつれてきて？

ミクリの顔が歪み、理解に苦しむ表情になった。当たり前だ。子供にすれば、会った事のあるオバチャンに、礼儀正しく挨拶したわけだから、こんなふうに叱りつけられてビックリしていた。こんな子って何よ。

あたしに辛くあたるならまだしも、なんの事情も解らない、無関係なミクリに対しての侮辱は、母親として許せるものではなかった。

小さい子まで傷つけて。

岡崎は家に帰って来て、暴力、その他の行いについて詫びたが、あたしには別のところで許せていない部分が常に心にあったかもしれないな。

そんなやさぐれた気持ちをカバーするように、また街に出て飲んだり騒いだりしていた。

このままではいけないと思いながら、今日は考えたくない、明日になったら、きっと自分が変われる気がする、毎日そう自分に言い聞かせていた。街では、様々な誘惑に遭遇しては打ち消した。

昨日までの事を全部、考えないようにしたい。昨日までのことを全て忘れられたら……。明日の事を思うと不安でならなかった。

唯一、子供の成長だけが待ち遠しかった。しかしそれは、あたし自身の老いをも意味する事であった。

そんなトラブル続きの暮らしの中、立ち退きにあい、ノスタルジックな部屋から、もう少し現代的な建物に引っ越しをした。全てに心機一転、とはいかないが、何かが変わることを期待し、望んだ。

生きる勇気を捨てない

ある友人の招待で大きなイベントに出掛けたら、旧知の間柄にある人に偶然に会った。後日その知人づてに、長いこと会っていなかった友人が、連絡が欲しいと言っていると聞いた。岡崎と一緒になった当初には、新しい旦那だと紹介した友人だ。その、母親ほど歳上の女性から、五年ぶりだったろうか、食事に誘われた。

待ち合わせの場所へ行ったら、なんと二十代半ばくらいの男の子を同伴させていて、友人だと紹介された。二人の年齢差に違和感を持ったが、二人は、不動産だか美術品だかの仕事の関係で知り合ったと言っていた。

思いがけず三人で食べて飲むことになり、二軒目の店であたしは何故か意識が寸断され、記憶は途切れた。体が麻痺していて、いうことをきかない。口元も、呂律《ろれつ》が回らないのだ。体の異変にどうしようもなかった。すると、友人女性があたしを担ぎ、誰かもう一人も担いだのは分った。体がいうことをきかない。「嫌や、やめて」。そのまま気を失った。目が覚めて、その状況にぞっとした。

なぜその友人女性があたしを呼び出したのか、そんな状況になって初めて知った。友人だと思っていたのに。

あたしは罠に嵌められた。

相手の若い男は前々からあたしを知っていたらしい。後で判ったことだが、計画的だったのだ。友人だった女に抗議するも、「まだまだアンタも若い子の欲望の対象になるってことよ。若い子を喰ってやったと思っておけばいいやん、なんともないわよ」と平然と言ってのけた。続けて、相手は若く、資産家の息子のうえルックスもよい男の子なのだから、好意を寄せられて、そんなに怒ることはないでしょうなどとぬけぬけと言うのだ。あたしは結婚もしているし、子供もいる。多少強引なことをしても騒がないだろうと考えていたのか。あたしが怒ったのは誤算だったようだ。

若くていい男に求められたのだから誇りに思え？　そんなこと思えるわけがない。友人だった女からはこんな言葉しか聞けなかった。自尊心の強いあたしは、いつでも、何でも、どんなことでも自分で決めてきたのだ。十三歳の少女の時から。男でも、何でも、命がけでといってもいいくらい、魂の選択をしてきたつもりだったし、あたしくらいはあたしを大切にしたかったからだ。今までどんな男と寝ようが自分で選んできたし、ついた値段が気に入らなければ首を縦に振らなかった。自分で目の前の男が好きならば、同意してセックスをすればいいし、嫌ならば、同意しなければいいだけの話だった。だって、あたしはあたしだけのものだから。運命はどうにもならなくても、最低、あたしぐらいはあたし自身のものでいたい。身体も、心も。ずっとそうして大切にして魂を汚さないようにしてきた。なのに、こんなふうに、自分の意志ではないところで自分の身体を一度でも誰かに自由にされるというのは、女が経験する、人としての尊厳が奪われた時の気持ちっていうのは、魂を奪われるっていうのは、こういうことなのだと身をもって知った。

何回も死んでいるあたしだが、他人に殺されたと感じたのはこの時が初めてだった。子供の頃を除いたら、ほんとうに死にたいと思ったのはこの時だけだ。

なぜ強姦が大罪で、慰安婦問題が深刻なのか、やっと解ったように思う。

別に、自分自身で知りたくはなかったが。

警察に行く前に、先に病院へ行った。それは、本能的にそうするべきだと思ったからだ。コンドームの袋は床に落ちてはいたが、意識が無いのだから感染症が不安で、気持ちが悪かったから。

「子宮の入り口に黒いものが見えます。もう少し詳しい検査をする必要がありますね」

「えっ、そうなんですか。あたし、卵巣癌をやっているので、マメに検査しているんですが」

「最後に検診を受けたのはいつですか」

「ええと、十ヶ月前ですね」

「そうですか。はっきり申し上げて、子宮の入り口に腫瘍があります。手術は不可欠です。あとの検査はどれぐらい進行中か、といったことを調べるためです」

「先生、それはあたしの子宮に癌ができているということですか」

「はい。そう理解していただいて結構です」

もういや、まさかこの歳になってあんなことがあった後で、また癌だ。

この世では、ありとあらゆる不幸があたしを襲う。

卵巣癌の手術で入院中に、隣室のオバサンが子宮癌で亡くなったのを思い出した。

ご臨終の日、息子さんや娘さんの、「お母さああん、目を開けてぇ」という悲鳴にも似た悲しい叫び声を思い出した。

あたしが死んだらミクリもそう叫ぶのだろうか。いや、ミクリにはまだそんな声を出させるわけにはいかない。

また死に直面し、また死を感じ、また死を恐れ、また同時に、今生きていることを強く感じた。忌まわしい出来事が発端となったが、そのせいで発見が早まり、また何とか命は繋がった。不幸中の幸いとはまさにこのことだと言えるだろう。

手術は無事に終わり、子宮の全摘出は免れた。幸いにも、感染症はなかった。これを機に、あたしは今まで自分に起こった数々の不幸について深く考え込むようになっていた。

いつだったか、だいぶん昔に街を歩いている時、顔見知り程度の女の子から、

「あたし、自分自身にも色々あるけど、マリカを見ていたら、あたしも生きていけるっていう気になったわ」

と声をかけてもらった。一緒にいた友人は、「なにあれ、どういう意味よ!」と憤っていたが、あたしは嬉しかった。

あたしみたいな人間でも、人に生きる勇気を与えたのか。

昔、十七歳の頃、東京で、同じ日に、別々のところで一人は台湾の占い師から、もう一人は日本の占い師から、あなたは将来、尼さんになりますよと予言されたのを思い出した。十七歳の頃だったから、尼さんて女のお坊さんやろ、そんなんになるわけないやんかと笑ったが、二十年を過ぎて、今、まさにその扉を開けようとしているあたしがいた。

二〇〇九年、春。

偶然の出会いではなく、必然的に、あたしは岐阜のあるお寺に導かれた。そして、自分の人生を多くの人に知ってもらいたいという気持ちになった。

よく考えたら、あたしって、死ぬこと以外のこと、だいたい経験してるやん。

一度死にたい。死のう。死んで、生き返りたい。

そのためにも、あたしは自分の過去を書こうと決めた。いや、これ以上ここにいるためには、書かずにはおれなかったからだ。

あたしを発狂から救ってくれたのは原稿用紙とペンだった。

立派なことは何一つしていない。あたしには何もない。若さを浪費してきたとも思う。お金も大事にしてこなかったかも知れない。死にたいことも何度かあったかも。あたしがやった事で、唯一正しかったことは、子供を生んで、自分の手で育てる事を諦めなかったことだけだ。

子供には養子の話もあった。あたしには実家や家族がないため、手助けがなくて養育が困難だったから。

あたしのもとにいるより、立派な里親や、生物学的父親のもとにいるべきではないかと悩んだ時期もあった。苦難はついてまわったが、子供が傍にいるのを切実に必要としたのはやはりあたしの方だったと思う。

危ういところに道連れにしてきたが、折り返し戻ってこられたのは息子のおかげ。

このままでは共倒れになる、これ以上この子をあたしの人生の巻き添えにはしたくない、これ以上の後悔を増やしたくはないという思いで戻ってこられて、ほんとうに良かった。

ちょっとずつ間違えて、じっくりバカになっていったから、まともな感覚を取り戻すのにも時間がかかったように思う。

荒んだ生活を続けるあたしの傍で、何も言わずに、真っ直ぐな瞳で長年見続けて来た息子の、あたしを見る目にも次第に変化を感じた。

このままでは子供の人格と人生をもダメにしてしまうかも知れない。初めて目が覚めた。

再びアルコール依存などからの脱出を決意した。

これを最後の闘いにしよう。そう誓った。

アルコール依存の傾向が軽減され、ようやく目線が外ではなく、内に向き始めた。現実を直視し、大切なものは何かを思い直し、あたしを必要とするのは誰か、しっかりと見つめた。そして、ほんとうにあたしを必要とする人のために今度こそ自分を建て直そうと心に決めた。

結局、一切合財すっからかんになるまでには、無職でも十年という月日が必要だった。あたしは本当に色んな贅沢なもの、目に見える夢は全部持っていたから、それらがすべてなくなるのには、これだけの時間がかかったのだ。でも、自分がすっかり生まれ変われるのも、結局それらが全て無くなった時なんだろうことも、事前に薄々感じていた。

その間、今までの自分の人生を呪い、責め、悩み、苦しんだ。後悔し、自殺を考えるも、子供の将来のこと、自分の責任を考えるとできず、思いとどまるためにも再び精神科へ通院し、葛藤の日々を過ごした。そうして長いこと後悔と苦痛の禁断症状に苦しんだ。死ぬ事もできず、自分の中に救いを求めて文章を書き始めた。

そして、岐阜のあるお寺に導かれた。おかげで、生まれて初めて自分の人生とは何かを正面から見つめ直し、どんな人生であっても生かされているのだということを再び思い出すことができた。

生きてゆく勇気。

そのうえで、書き物をしたり、悩める人と関わったりすることで生を感じる自分があることを知った。

それから、これまでの生活を、暮らしを捨てることを決意した。

あたしのことを誰も知らない、しがらみの無いキャバレーでアルバイトをしながら、お金の有り難さをとことん探求しつつ社会復帰を目指し、自分のやりたいことに向かう時間と勇気と根性をつくる機会とした。

そして、ふと、回りの景色をよく見て自分の人生を振り返った時、今までの自分はなんてダサい人間なのだろうと思い、恥ずかしくなった。

特にやりたいこともなく、探さず、目標も持たず、何も蓄えず、今まで一度も何にも挑戦したことがない人生だったと痛感。食べて、寝て、買って、遊んで、ほんとうに人生を粗末にしてきているなあって初めて強く思った。

だが、物を書くことで、自分が救われることを強く感じた。

不安から、後悔から、恨みから。本当に解放されるには書かずにはいられなかったからだ。

ここにきて、あたしには、猛烈に書きたいという強い欲求が芽生えた。あたしは、まだ人に伝えたいことが、たくさん残っている。

これからは、書くことで表現したり、話したり、人の話を聴いたりして、誰かと関わりながら残りの人生を送りたいと志した。

ものを書くこと、自分の内面を人に晒すことは、あたしにとっての懺悔であり、救いなのだと思う。

こんなあたしでも、しぶとく生きている。生かされて、生きようとしている。

愚かに生きてきたあたしですら、ここにこうやって生きる事を選んだ。

複雑になったこの世の中、色々とツイていないことを嘆き、襲ってくる不幸に悩みながら人は生きている。

だけど、あたしを見て、あたしを知ってくれることで、誰かが少しでも楽に生きられるようになってくれると嬉しい。そして、与えあい、一緒に生と生命を感じて生きていけたらと願う。

そこに、あたしという人間の、今までの生の情念を託そうと思う。

子供たちへ

二〇〇九年、あたしは中一の息子に、しつこいくらいにご飯は？　お腹は空いていないかと聞く。息子はかなりウザがるが、あたしは親として、子供に飢えさせないというのが最低のラインかなと思っている。

昔、あたしはいつもお腹を空かせていた。今の時代に生まれたなら、食べ物を保証するのは親の役目だと思っているから。

赤ちゃんの頃は、たくさんミルクを飲ませて身体をつくってやり、おとなの身体ができるまでは、思いっきり食べさせたい。

巣立てるようになるまでは、食べる心配をさせたくないなと願う。万が一、あたしが死んでしまったとしても、高校生になっていたらアルバイトが出来るわけだから、彼が、自分一人食べるくらいにはなるだろう。

公に約束できる義務の範疇としては、中学校を終えるまでには、何とかご飯を我慢させずにと頑張りたいところだ。

これから子供が成長し、大人社会の荒波に向かって充分に戦っていけるように、せめて強い体をつくるお手伝いはしたいと考えるからだ。

あたしは、お金のありがたさより、与えられる食べ物のありがたさを知っている。

お金があれば食べ物が買えるじゃないかという声が聞こえる。確かに。しかし、まず、保護者のいる家に居させてもらっていて、保護者から無条件で食事が、もしくはそれに代わるものが提供されるというありがたさを解っている。それは原始的だが、尊い行為だ。当たり前に考えがちだろうが、そんなに当たり前でもない。

子供が自分で食いぶちを確保できるような身体をつくれるまで食べさせる事が最重要なことで、子の権利でもある。だって、食べないと死ぬから。極端なことを言うようだが、事実だ。

食べさせてもらえなくなると、子供は生存のために外に出る。あまり早い時期に社会に出ると、騙される事も多い。傷つきながらも生きていく術を探して、サバイバルする。

独立すると、お金が、食べ物や家賃や、もっとごちゃごちゃした物のために必要になる。それらのために、お金を獲得しなければならない。

獲得するお金が増えれば、それらの生活必需品から贅沢品まで、選択肢が広がる事を意味する。

今の子供たちに言いたい。

人間は、一度大人になったら、永久に、生活のための生活が続く。

実際に、いろんな親御さんもいることだろうし、子供は親を選べないと怒り、嘆いている子もいるだろう。まぁ、逆もあると思うが。

しかし、そんな親御さんをようく見て考えてほしい。

あなたの保護者はあなたに食事をさせていますか。いろいろ不満もあるだろうが、好き、嫌い、旨い、不味いはおいといて、食べ物の心配をしてくれているなら、疑わないであげて。大人も、ただちょっと生活に疲れているのかもしれないよ。

社会に出たら、無条件で、貸し借り無しに何かをしてくれるというのがどんなにありがたい事なのか知る事になると思う。

大人になると、そんな事は、容易く手に入るようなもんじゃない。

でも、自分が大人になって、与える番になっても、そういう間柄に恵まれると、素敵。

いつも条件なしの愛をあたしにくれてありがとう、息子。

終章

「あたしは、母に似ていますか」

成人したあたしが海を越えて母の墓所を探す旅に出たときの話を最後に綴る。

二十一歳。荒んだ生活を送りながら、日々、母への恋慕が募る。生きている間はあんなに嫌いだった母なのに、もし、母が生きてくれていたら、あたしの人生はこんなものじゃなかったのではないかと考えてしまう。もし母が生きてさえいてくれたら、あたしにも違う人生があったのではないかと想像してしまう。

なぜあたしを生んだのか。今となっては答えなどないが、母の墓前に行って語りかけたかった。父、継母から家を出されて時間が経ってからは、特にそんな思いが大きく膨らみ、それに苦しめられてゆくだけだった。幻想としての自分の母親というものに、あたしの存在を認めてもらいたかった。

父が亡くなる前、入退院を繰り返すころ、

「あたし、ママのお墓に行きたい。ママのお墓参りがしたいねん。お墓を探しに韓国に行ってみたい」

と電話で父に告げてみた。

「前にも言ったけど、場所が判らないよ。あいつらが俺から隠してしまったんだから。俺だって、散々いろんなとこから探してみたんだから」

と父はつぶやいた。あいつらとは、母の前夫と連れ子のことである。母が亡くなる時、病院で鉢合わせをして大喧嘩になったとは当時から聞いていた。そして、その前夫達は、父に母の墓所を教えなかった。

「あたし、反対されても行くで。なんか、今回探しに行ったら見つかりそうな気がするねん」

「止めなさい。飛行機代金の無駄だから。それに、手掛かりもないのだから」

「無駄じゃないわ！　それに、たとえ無駄でもええねん。一生見つかれへんよりマシやわ」

「……わかった。そこまで言うなら俺の弟を釜山からソウルに呼んで、お前の力になるように頼んでみよう」

父には弟がいたのか。韓国での、父の兄らは高齢で死別したらしいのだが、弟が一人いて、そのひとは生きているらしい。だが、その二つ年下の弟も高齢だ。

時間はない。

ソウルのホテルに到着すると、初対面の叔父が迎えにきてくれた。一度も日本に来たことがなく、父そっくりな叔父は、完璧な日本語を話した。

「君のお母さんのお墓を探すのだが、その際に街中やホテルなどで日本語を話さないように」と忠告されて、すごく複雑だったな。

六月のとても暑い日。捜索一日目は、母が亡くなったセブランス病院だ。死亡記録を探してみたが火災があったため、約十年前のものは皆無であると言われ、頭《こうべ》を垂れた。以前にも、父に頼まれた叔父は、方々を探したと言う。あたしが父に熱心に頼んだ折り「今探してもらっているから」って言ってた時のことだろうか。叔父が、「確か、あれから息子が亡くなったろう。君の異父兄さんになるひと。同じ墓にいるらしいから、役所で判るのではないか」というので、役所へ向かった。

役所では、よく調べようともしないうちに、どんなに頼んでも「死亡は確認されているが、墓所の見当はつかない。同場所で死亡した息子の住所も、生年月日と、フルネームがないと、調べようがない」と素っ気なく言われ続け、諦めかけていた時に、若い役所職員に無礼な態度で門前払いを受けていると感じた叔父が怒り心頭に発し、とうとう大声で怒鳴った。何を言っているのか解らなくて不安になったが、言い付けられた通り、ただ押し黙っているしかなかったが、ようやく係の職員たちが席を立って、きちんと調べだしてくれた。すごい効果だ。なんて言ったのか、調べてもらっている間に小声で叔父に聞いてみたら、「日本から言葉も出来ない若い娘が、母親の墓を探してはるばるやって来たのに、なんて薄情な国だ、この国の役人は。年寄りがこんなに汗をかいてあちこち尋ねてまわっているというのに、何か方法を探そうともしない、なんと年寄りに不親切なことか、情けない。それが、お前たちのために戦争に行って戦ってきた俺たちにとる態度か」と一喝したら調べだしたんだって。

今、考えたら、叔父はあたしの異父兄とは赤の他人だから、住所など、個人情報を教えてもらえるわけがないところを情で訴えることに成功した。老人の力がまだ確固たる存在感として残っている儒教の民族国家だから、こんな事もあり得たのかなと思う。

とにかくそこで、母が亡くなって間もなく、母の墓の前で焼身自殺を遂げた異父兄の住所がはっきりした。だが、そこに異父兄の家族が居なければ万事休すだと、叔父がきれいな日本語を使って呟いた。

母の墓前で焼身自殺を遂げたという異父兄の住所を訪ねてみる。名前も不確かで、生年月日など知る由もない。顔さえぼんやりとしか記憶にないのだし。行ったところで追い返されたらどうしよう。あたしの存在は、会った事すらも記憶に無い兄姉達に疎まれていたから。でも、方法はこれだけしか残っていない。すっかり夜になっていたので、訪問は明日にもちこされた。

もし、役所で叔父が粘らなかったら、母の墓は解らないままだったろう。もし、役所の職員が、あくまで個人情報を開示するのを拒否していたら、以後のお墓探しはもっと困難を極めただろう。言葉を理解できないあたしだけでは至難の業だったし、とても不可能だった。叔父への感謝は言葉では言い表せない。

役所の帰りに明洞へ行き、翌日のお墓参りのために新しく黒いパンプスを買った。この行為を何故か叔父がすごく褒めて、感心してくれた。

翌日、叔父とバスを乗り継いで乗り継いで乗り継いで迷って迷って人に尋ねて歩き回ったところ、やっと巨大な新興住宅地にたどり着いた。叔父さんとあたしは、本当に懸命に何時間もバスに乗って探した。

心臓がバクバクして止まらない。インターホンを押すとドアが開いて、女の人が出て来た。あたしの顔を見るなり、「アイグ……」と言って絶句した。後は何と言っているのか解らない。叔父さんが通訳してくれた。

「アイグ……あなたはうちの主人の、日本にいる異父妹ですね。大阪から来たのですか」

「会った事がないのに、何でわかったんですか?」

「お義母さんにあまりにそっくりだからです。今見てすぐそうだと判りました」

聞いた瞬間、熱いものが込み上げてきて涙が溢れ、止まらなかった。

「あたしは、母に似ていますか」

「本当によく似ています」

兄嫁も涙が止まらない。

あたしは母に似ているのか。母の姿は朧にしか記憶にない。あたしは亡くなった異父兄とは仲が良かった記憶がある。言葉は通じないが、彼は大阪の自宅にもよく遊びに来ていたし、亡くなる前に、母と香港に行った時も、向こうで落ち合ったりした。母は兄を十六歳で生んでいるので、彼らはまるで姉弟のように仲が良かった。

部屋の中に入れてもらい、叔父の通訳であらましを知った。

異父兄は、母が亡くなり、彼の実父から言われて、生前の母と父とあたしの暮らす大阪の家に来て、母の子供の権利として母の財産を引き上げた後に、全て実父に詐取されたという。おまけに手形の裏書きをさせられて、実の父親に裏切られたらしい。自宅から会社から全て差し押さえられたうえでの失意の自殺だったと教えてくれた。

なぜ母親の墓に長男が埋葬されたのか、やっと理由が解った。韓国では一般的に、長男は父の墓に入るのが常識だ。兄らの父親は、自分を怨んで自殺した兄と同じ墓に入るのが嫌だったのだろう。死んでなお恨まれ続けることを避けたとしか解釈の仕様がないらしい。

実父との縁も母との縁も薄かった異父兄もまた、親の愛情を探し求めていたのかも知れない。異父兄が、どんな気持ちで母の死後すぐ母の墓前でガソリンをかぶり、自分自身の身を焼いて死んでいったのかは、永遠にわからない。

こうして母と異父兄が眠る墓地が判明したのだ。お墓はここから近いという。逸る心を抑えようとしたが、心臓は高鳴りを増して止《や》まなかった。

義姉は、他の異父兄姉の暮らしぶりも教えてくれた。一人はアメリカに行き、後の者は医大を出て、開業医などになっているらしかった。

あたしは、あたしの記憶に無い血の繋がった異父兄姉とすごく会ってみたくなった。涙のご対面を希望し、期待した。妹よ、と言って抱きしめられたかった。自分の家族が欲しかった。だから、どんな希薄な縁でも、薄い血でも、たぐり寄せたい。そんな思いを伝え、連絡を取ってもらった。だが、残念なことに、彼、彼女らはあたしに会うのを拒絶した。義姉にお礼を言うと、もう会う事はないとはお互いに解ってはいるが、義姉は自分の連絡先と、母と異父兄が眠る公園墓地の住所をくれた。玄関を出て、振り返ると、そのひとも泣いていた。


基地が近いのだろう。飛行機からパラシュートで降下してくる隊員をタクシーの中から珍しそうに眺めていた。父が、母の前夫のことを、あいつは傷痍軍人の親玉で、アメリカ軍と一緒になり新聞に出るような悪い事をするやつなんだ、と言っていた言葉が頭の中を過った。

義姉に教えてもらった公園墓地はそう遠くはなかった。入り口近くの売店で、叔父の指示通りのお供え物を買った。

墓地の詰所に行くと、四、五人の職員のおじさん達がいて、母の名を告げ、お墓を探しに日本から来たと言うと、はじめは、そんな名前の人間の墓はここにはないと冷たくあしらわれた。日本では在日といって虐められ、韓国でも在日といって虐められる。過去の日韓の歪んだ歴史が、乗り越えられていない現実が、こんなところにまで浸透していた。そんなはずないと言っても知らないと言う。叔父さんを見ると、少し離れて待っていて、ここでは聞いて聞かないふりを決めているようだった。立場があるのだろう。叔父さんに助けを求めるのはやめ、それでも日本語とボディランゲージを交えてなんとか頑張っていたら、一人のおじさんが可哀想だから教えてやれよ、みたいな事を言い始めて、それからはすんなりと教えてもらうことができた。諦めないあたしに、彼らの態度が軟化して、最終的には車で巨大な敷地を案内してもらえることにもなった。

こうしてついに、約十年の月日を経て、ようやく母の墓前に着くことができたのだった。

病院で判らなくて、役所でも墓は調べようもないと言われた時、もしかしてダメかも知れないなと思ったが、諦めないで良かった。父からは、行っても無駄だ、判らないよと言われても、来て良かった。

あのまま、母の墓が今日まで判らず仕舞いだったなら、あたしの精神と性格にも大きな影響が出たと思う。粘り勝ちと、偶然と運と厚意が重なりあって、辿りつくことが出来た。十年間見つからなかったのが、それもたった一日で！

鬼の首をとったような気分で、ホテルの部屋に戻って父に電話で報告したら、「へえ〜判ったのか。奇跡みたいだな」と深刻に言ったが、それは、今までパパに本気で探す気がなかっただけだと思うわ、と心の中で言った。あたしは父に、何年も何年も、探してくれるように、見つけてくれるようにって頼んだのに。

「俺が死ぬ前に探し出してくれて、俺にとっても良かった。ありがとう」

と父があたしに礼を言ってくれた。

その墓には自殺した異父兄と母が、そして父が一緒に眠る。

ピョングギお兄ちゃん、あなたも小さい頃からお母さんという人と同じ場所で眠った事がないでしょう。

やっとお母さんとずっと同じところにいることができたんだね。

あたしも、うらやましいよ。

あとがき

早いもので、最初にこの作品が世に放たれたのは二〇十五年冬のこと。実に奇跡的な偶然が重なって出た本でした。それは私の意志というより、作品の持つ強い力によって導かれたものだと感じています。あれから約十年後に、またもや奇妙なご縁をいただき形を変えて発売される流れとなりました。

今回、文庫化のお話をいただくまでの間にも著者である私には更なる出来事の連続が身に降りかかり、人生が大きく変わりました。単行本「不死身の花」を上梓したころの私は、後の人生を家族と静かに幸せに暮らして終えるものだと思って疑わなかったのです。しかし、私の生まれ星はそう簡単に納めてくれなかった。

昨夜に訪れた中華街で、路上に座位する老婆より手招きをされ着席してみましたら、「あなたは忙しい人生を送っていますね。でも、死ぬまでずっと忙しい人生を送ります」と過去を見透かされ、未来を予言され、思わず笑ってしまいました。手相って当たるんですね。

ともあれ、「不死身の花」の命がいつ終わりになるか知る由もないが、始めがあれば終わりがくるもの。その時まで、薔薇が降ろうが、槍が降ろうが、石を投げつけられても、己の道を生き抜いていこうと決めています。私の人生はまだもう少し続きそう。どうぞ、最後まで見届けてくださる読者の少なからんことを祈って、ここにあとがきとします。

特筆して感謝を申し上げたいのが高木瑞穂さん、文庫発刊に際してご協力くださった新潮社の森重良太さん、荒木経惟さん、そして錦明印刷さん、心よりありがとうございました。

二〇二四年、忙しい春が終わった今日に。

生島マリカ

鉄人文庫

不死身の花

夜の街を生き抜いた
元ストリート・チルドレンの私

本書は2015年12月22日に新潮社より刊行された『不死身の花 夜の街を生き抜いた元ストリート・チルドレンの私』を加筆・修正・再編集し文庫化したものです。

2024年7月24日　第1刷発行

著者　生島マリカ

発行人　尾形誠規
編集人　高木瑞穂
発行所　株式会社鉄人社
〒162-0801 東京都新宿区山吹町332 オフィス87ビル3階
TEL 03-3528-9801　FAX 03-3528-9802　https://tetsujinsya.co.jp/

デザイン　奈良有望（サンゴグラフ）
印刷・製本　モリモト印刷株式会社

ISBN978-4-86537-279-3 C0136

本書へのご意見、お問い合わせは直接小社までお寄せくださるようお願いいたします。